FREMDSPRACHENTEXTE

Giovannino Guareschi

Don Camillo e Peppone

Racconti scelti

Mit Zeichnungen
des Autors

Herausgegeben von
Anna Campagna

Philipp Reclam jun. Stuttgart

Diese Ausgabe darf nur in der Bundesrepublik Deutschland, in Österreich und in der Schweiz vertrieben werden.

RECLAMS UNIVERSAL-BIBLIOTHEK Nr. 19735

Umschlagabbildung: Gino Cervi (Peppone) und Fernandel (Don Camillo) im Film »Don Camillo und Peppone« (»Le petit monde de Don Camillo«) von Julien Duvivier, 1952
Gesamtherstellung: Reclam, Ditzingen. Printed in Germany 2008
RECLAM, UNIVERSAL-BIBLIOTHEK und RECLAMS UNIVERSAL-BIBLIOTHEK sind eingetragene Marken der Philipp Reclam jun. GmbH & Co., Stuttgart
ISBN 978-3-15-019735-6

www.reclam.de

Don Camillo

Don Camillo, l'arciprete di Ponteratto, era un gran brav'uomo. Però uno di quei tipi che non hanno peli sulla lingua e, la volta che in paese era successo un sudicio pasticcio nel quale erano immischiati vecchi possidenti e ragazze, don Camillo durante la Messa aveva cominciato un discorsetto generico e ammodi-

2 **l'arciprete** m.: Erzpriester.
Ponteratto: Name des (fiktiven) Dorfes, in dem Don Camillo lebt.
3f. **non avere peli sulla lingua** (fig.): kein Blatt vor den Mund nehmen.
4f. **sụdicio/a** (pegg.): schmutzig, unanständig.
5 **il pasticcio** (fam.): Schlamassel, Bescherung.
immischiarsi in qc: hier: in etwas verwickelt sein.
6 **il/la possidente:** Grundbesitzer(in).
7 **genẹrico/a:** allgemein, unbestimmt, vage.
7f. **ammodino/a** (dim.): *ammodo/a:* anständig.

no, poi a un bel momento, scorgendo proprio in prima fila uno degli scostumati, gli erano scappati i cavalli e, interrotto il suo dire, aveva gettato un drappo sulla testa del Gesù Crocifisso dell'altar maggiore perché non sentisse e, piantandosi i pugni sui fianchi, aveva finito il discorso a modo suo e tanto era tonante la voce che usciva dalla bocca di quell'omaccione, e tanto grosse le diceva, che il soffitto della chiesetta tremava.

Naturalmente don Camillo, venuto il tempo delle elezioni, si era espresso in modo così esplicito nei riguardi degli esponenti locali delle sinistre che, una bella sera, tra il lusco e il brusco, mentre tornava in canonica, un pezzaccio d'uomo intabarrato gli era arrivato alle spalle schizzando fuor da una siepe e, approfittando che don Camillo era impacciato dalla bi-

1 **scọrgere qu/qc:** jdn./etwas erblicken, gewahr werden.
2 **lo scostumato / la scostumata:** liederliche Person, Lümmel.
2f. **a qu scappano i cavalli** (fig.): jdm. gehen die Pferde durch, jd. vergaloppiert sich, verliert die Beherrschung.
3 **il drappo:** Tuch.
5 **piantarsi i pugni sui fianchi:** die Fäuste gegen die Hüften stemmen.
6f. **tonante** (agg.): (laut) schallend, tönend.
7 **l'omaccione** m. (fam.): gutmütiger Riese, großer Kerl (*l'omaccio:* Kerl, pegg. zu *l'uomo*).
8 **dirle grosse** (fam.): den Mund vollnehmen, grob beleidigen.
13 **tra il lusco e il brusco** (fig.): in der Dämmerung (*lusco/a:* unsicher; *brusco/a:* plötzlich).
14 **la canọnica:** Pfarrhaus.
intabarrarsi: sich in einen Mantel hüllen.
15 **schizzare:** herausschießen, -springen.
la siepe: Hecke.
15f. **approfittare:** etwas ausnutzen, sich etwas zunutze machen.
16 **impacciato/a:** behindert.

cicletta al manubrio della quale era appeso un fagotto con settanta uova, gli aveva dato una robusta suonata con un palo, scomparendo poi come inghiottito dalla terra.

Don Camillo non aveva detto niente a nessuno. Arrivato in canonica e messe in salvo le uova, era andato in chiesa a consigliarsi con Gesù, come era solito fare nei momenti di dubbio.

«Cosa debbo fare?» aveva chiesto don Camillo.

«Spennellati la schiena con un po' d'olio sbattuto nell'acqua e statti zitto» gli aveva risposto Gesù dal sommo dell'altare. «Bisogna perdonare chi ci offende. Questa è la regola.»

«Va bene» aveva obiettato don Camillo. «Qui però si tratta di legnate, non di offese.»

«E cosa vuol dire?» gli aveva sussurrato Gesù. «Forse che le offese recate al corpo sono più dolorose di quelle recate allo spirito?»

«D'accordo, Signore. Ma Voi dovete tener presente

1 **il manubrio:** Lenkstange.
il fagotto: Bündel.
2 **la suonata** (fam.): Geklingel, Geläute; hier (fig.): Tracht Prügel, Schläge.
3 **il palo:** Pfahl, Latte.
inghiottire: verschlucken.
7 f. **essere sọlito/a (di) fare qc:** gewöhnlich etwas tun.
10 **spennellare:** bepinseln, bestreichen.
11 f. **il sommo:** höchster Punkt, Spitze.
14 **obiettare:** einwenden, entgegenhalten.
15 **la legnata** (fam.): Stockschlag; hier: Tracht Prügel, Schläge (*legnare qu:* jdn. verprügeln).
16 **sussurrare:** flüstern, raunen.
17 **recare qc a qu:** jdm. etwas bereiten, zufügen.
19 **tener(e) presente qc:** etwas bedenken, berücksichtigen.

che legnando me che sono il Vostro ministro, hanno recato offesa a Voi. Io lo faccio più per Voi che per me.»

«E io non ero forse più ministro di Dio di te? E non ho forse perdonato chi mi ha inchiodato sulla croce?»

«Con Voi non si può ragionare» aveva concluso don Camillo. «Avete sempre ragione Voi. Sia fatta la Vostra volontà. Perdoneremo. Però ricordateVi che se quelli, imbaldanziti dal mio silenzio, mi spaccheranno la zucca la responsabilità sarà Vostra. Io Vi potrei citare dei passi del Vecchio Testamento ...»

«Don Camillo, a me vieni a parlare di Vecchio Testamento! Per quanto riguarda il resto mi assumo ogni responsabilità. Però, detto fra noi, una pestatina ti sta bene così impari a fare della politica in casa mia.»

Don Camillo aveva perdonato. Però una cosa gli era rimasta di traverso nel gozzo come una lisca di merluzzo: la curiosità di sapere chi l'avesse spennellato.

*

5 **inchiodare:** festnageln.
10 **imbaldanzirsi:** übermütig werden.
11 **la zucca:** Kürbis; hier (fig.): Birne, Schädel.
12 **il passo:** Passus, (Text-)Stelle.
16 **la pestatina** (dim.): *la pestata:* Tracht Prügel (*pestare qu:* jdn. verhauen, verprügeln).
20 **rimanere di traverso nel gozzo** (fam.): schwer auf dem Magen liegen (*il gozzo:* Bauch).
la lisca: (Fisch-)Gräte.
20f. **il merluzzo:** Kabeljau.

Passò del tempo e, una sera tardi, mentre era nel confessionale, don Camillo vide attraverso la grata la faccia del capoccia dell'estrema sinistra, Peppone.

Peppone che veniva a confessarsi era un avvenimento da far rimanere a bocca aperta. Don Camillo si compiacque.

«Dio sia con te, fratello: con te che più d'ogni altro hai bisogno della Sua santa benedizione. È da molto tempo che non ti confessi?»

«Dal 1918» rispose Peppone.

«Figurati i peccati che hai fatto in questi 28 anni, con quelle belle idee che hai per la testa.»

«Eh sì, parecchi» sospirò Peppone.

«Per esempio?»

«Per esempio due mesi fa vi ho bastonato.»

«È grave» rispose don Camillo. «Offendendo un ministro di Dio tu hai offeso Dio.»

«Me ne sono pentito» esclamò Peppone. «Io poi non vi ho bastonato come ministro di Dio, ma come avversario politico. È stato un momento di debolezza.»

«Oltre a questo e all'appartenenza a quel diabolico partito, hai altri peccati gravi?»

Peppone vuotò il sacco.

2 **il confessionale:** Beichtstuhl.
la grata: Gitter.
3 **il capoccia** (scherz.): Chef, Boss.
4 **confessarsi:** beichten.
6 **compiacersi:** hier: sich diebisch freuen.
15 **bastonare qu:** jdn. verprügeln, mit dem Stock schlagen.
18 **esclamare:** ausrufen.
24 **vuotare il sacco** (fam.): auspacken, sein Herz ausschütten.

In complesso era poca roba e don Camillo lo liquidò con una ventina fra *Pater* e Avemarie. Poi, mentre Peppone si inginocchiava davanti alla balaustra per dire la sua penitenza, don Camillo andò a inginocchiarsi sotto il Crocifisso.

«Gesù» disse «perdonami ma io gliele pesto.»

«Neanche per sogno» rispose Gesù. «Io l'ho perdonato e anche tu lo devi perdonare. In fondo è un brav'uomo.»

«Gesù, non ti fidare dei rossi: quelli tirano a fregare. Guardalo bene: non vedi che faccia da barabba che ha?»

«Una faccia come tutte le altre. Don Camillo, tu hai il cuore avvelenato!»

«Gesù, se Vi ho servito bene fatemi una grazia: lasciate almeno che gli sbatta quel candelotto sulla schiena! Cos'è una candela, Gesù mio?»

«No» rispose Gesù. «Le tue mani sono fatte per benedire, non per percuotere.»

1 **in complesso:** insgesamt, alles in allem.
1f. **liquidare qu:** hier: jdn. abfertigen, erledigen.
3 **inginocchiarsi:** (sich) niederknien.
3f. **la balaustra:** Balustrade, Geländer.
4 **la penitenza:** Buße, Strafe.
10f. **tirare a fregare** (fam.): es darauf anlegen, andere hereinzulegen, zu bescheißen.
11 **Barabba:** Barabbas, Name eines in der Matthäus-Passion genannten Gefangenen. Pontius Pilatus stellt das jüdische Volk vor die Wahl, entweder Barabbas oder Jesus zu begnadigen, woraufhin das Volk Barabbas wählt und für Jesus den Tod am Kreuz fordert (Mt. 27,16–26).
16 **il candelotto:** große Kerze.
19 **percuotere:** schlagen, (ver)prügeln.

Don Camillo sospirò. Si inchinò e uscì dal cancelletto. Si volse verso l'altare per segnarsi ancora e così si trovò dietro le spalle di Peppone che, inginocchiato, era immerso nelle sue preghiere.

«Sta bene» gemette don Camillo giungendo le palme e guardando Gesù. «Le mani sono fatte per benedire, ma i piedi no!»

«Anche questo è vero» disse Gesù dall'alto dell'altare. «Però mi raccomando, don Camillo: una sola!»

La pedata partì come un fulmine. Peppone incassò senza battere ciglio poi si alzò e sospirò sollevato:

«È dieci minuti che l'aspettavo» disse. «Adesso mi sento meglio.»

«Anch'io» esclamò don Camillo che aveva ora il cuore sgombro e netto come il cielo sereno.

Gesù non disse niente. Ma si vedeva che era contento anche Lui.

1 f. **il cancelletto** (dim.): *il cancello:* (Gitter-)Tür.
2 **vọlgersi:** sich umdrehen, (zu)wenden.
segnarsi: sich bekreuzigen.
4 **immerso/a:** versunken, vertieft.
5 **gẹmere:** stöhnen.
5 f. **giụngere le palme** (fig.): die Hände falten (*la palma:* Handteller, -fläche).
10 **la pedata:** Fußtritt.
incassare (fig.): einstecken.
11 **senza bạttere ciglio** (fig.): ohne mit der Wimper zu zucken.
15 **sgombro/a:** frei.
netto/a: hier: sauber, rein.

Don Camillo discute

Entrarono improvvisamente in chiesa un uomo e due donne e una delle due era la moglie di Peppone, il capo dei «rossi».

Don Camillo, che in cima a una scala stava lucidando col Sidol l'aureola di San Giuseppe, si volse e domandò cosa volevano.

«C'è da battezzare della roba» rispose l'uomo e una delle donne mostrò un fagotto con dentro un bambino.

5 f. **lucidare:** polieren, bohnern.
6 **Sidol:** Metallpolitur der Firma Henkel.
l'aurẹola: Aureole, Heiligenschein.
vọlgersi: sich umdrehen, (zu)wenden.
8 **battezzare qu:** jdn. taufen (*il battẹsimo:* Taufe).
9 **il fagotto:** Bündel.

«Chi l'ha fatto?» chiese don Camillo scendendo.

«Io» rispose la moglie di Peppone.

«Con tuo marito?» si informò don Camillo.

«Si capisce! Con chi vuole che l'abbia fatto, con lei?» ribatté secca la moglie di Peppone.

«C'è poco da arrabbiarsi» osservò don Camillo avviandosi verso la sagrestia. «So assai io: non avevano detto che nel vostro partito è di moda l'amore libero?»

Passando davanti all'altare don Camillo si inchinò e strizzò l'occhio al Cristo Crocifisso.

«Avete sentito?» ridacchiò don Camillo. «Gliel'ho dato il colpetto a quei senzadio!»

«Non dire stupidaggini, don Camillo!» rispose seccato il Cristo. «Se fossero senzadio non verrebbero qui a far battezzare i figli. Se la moglie di Peppone ti avesse rifilato una sberla te la saresti guadagnata.»

«Se la moglie di Peppone mi dava una sberla io li prendevo tutt'e tre per il collo e …»

«E?» domandò severo Gesù.

«Niente, si fa per dire» rispose in fretta don Camillo alzandosi.

5 **ribattere:** erwidern, entgegnen.
7 **la sagrestia:** Sakristei.
10 **inchinarsi:** sich verneigen, verbeugen.
11 **strizzare l'occhio a qu:** jdm. zuzwinkern (*strizzare:* zusammenkneifen).
12 **ridacchiare:** kichern.
13 **il/la senzadio** (invar.): Gottlose(r).
14 **la stupidaggine** (fam.): Dummheit, Blödsinn.
14f. **seccato/a:** verärgert, ärgerlich.
17 **rifilare una sberla a qu** (fig.): jdm. eine Ohrfeige verpassen.

«Don Camillo, sta in gamba» lo ammonì Gesù.

Indossati i paramenti don Camillo si appressò al fonte battesimale.

«Come lo volete chiamare?» chiese don Camillo alla moglie di Peppone.

«Lenin, Libero, Antonio» rispose la moglie di Peppone.

«Vallo a far battezzare in Russia» disse calmo don Camillo rimettendo il coperchio al fonte battesimale.

Don Camillo aveva mani grandi come badili e i tre se ne andarono senza fiatare. Don Camillo cercò di sgattaiolare in sagrestia ma la voce del Cristo lo bloccò.

«Don Camillo, hai fatto una gran brutta cosa! Va a richiamare quella gente e battezza il bambino.»

«Gesù» rispose don Camillo. «Voi dovete mettervi in mente che il battesimo non è mica una burletta. Il battesimo è una cosa sacra. Il battesimo ...»

«Don Camillo» lo interruppe il Cristo. «A me vuoi insegnare cos'è il battesimo? A me che l'ho inventato? Io ti dico che tu hai fatto una grossa soperchieria, perché se quel bambino, metti il caso, in questo mo-

1 **stare in gamba** (fig.): hier: sauber bleiben (*in gamba* [invar.]: tüchtig, auf Draht).
ammonire qu: jdn. warnen, ermahnen.
2 **il paramento:** Parament, liturgisches Gewand.
appressarsi a qc/qu: sich etwas/jdm. nähern.
3 **il fonte battesimale:** Taufbecken.
10 **il badile:** Schaufel.
11 **senza fiatare:** hier: ohne ein Wort zu sagen.
12 **sgattaiolare:** schleichen, sich davonstehlen.
16 **la burletta:** Spaß, Scherz.
20 **la soperchieria** (lett.): Anmaßung, Übergriff.
21 **mettere il caso:** angenommen, gesetzt den Fall.

mento muore, la colpa è tua se non ha il libero ingresso in Paradiso!»

«Gesù, non drammatizziamo!» ribatté don Camillo. «Perché dovrebbe morire? È bianco e rosso come una rosa!»

«Non vuol dire!» lo ammonì il Cristo. «Gli può cadere una tegola in testa, gli può venire un colpo apoplettico. Tu lo dovevi battezzare.»

Don Camillo allargò le braccia:

«Gesù, pensateci un momento. Si fosse sicuri che quello poi va all'Inferno si potrebbe lasciar passare: ma quello, pure essendo figlio di un brutto arnese, può benissimo capitarVi fra capo e collo in Paradiso. E allora, ditemi Voi come posso permettere che Vi arrivi in Paradiso della gente che si chiama Lenin? Io lo faccio per il buon nome del Paradiso.»

«Al buon nome del Paradiso ci penso io» gridò seccato Gesù. «A me interessa che uno sia un galantuomo: che si chiami poi Lenin, o Bottone, non mi importa un fico. Al massimo tu potevi far presente a quella gente che dare ai bambini nomi strampalati spesso può significare metterli nei pasticci da grandi.»

7 **la tẹgola:** Dachziegel.
7 f. **il colpo apoplẹttico:** Schlaganfall.
12 **l'arnese** m. (fam.): Werkzeug, Gerät; hier (pegg.): Subjekt, Kerl.
13 **fra capo e collo** (fig.): plötzlich, unerwartet.
18 f. **il galantuomo:** Ehrenmann.
19 f. **non mi importa un fico** (fam.): das ist mir schnuppe, interessiert mich nicht die Bohne (*il fico:* Feige).
21 **strampalato/a:** verrückt, schräg.
22 **mẹttersi nei pasticci** (fam.): im Schlamassel stecken, in die Patsche geraten.

«Va bene» rispose don Camillo. «Io ho sempre torto. Cercheremo di rimediare. Però la responsabilità è Vostra.»

In quel momento entrò qualcuno. Era Peppone, solo, col bambino in braccio. Peppone chiuse la porta col chiavistello.

«Di qui non esco» disse Peppone «se mio figlio non è stato battezzato col nome che voglio io.»

«Ecco» sussurrò sorridendo don Camillo rivolto al Cristo. «Lo vedete che gente? Uno è pieno delle più sante intenzioni e guardate come lo trattano.»

«Mettiti nei suoi panni» rispose il Cristo. «Non sono sistemi da approvare, ma si possono comprendere.»

Don Camillo scosse il capo.

«Gesù, Voi da qualche tempo li state portando un po' troppo questi comunisti. Non vorrei ...»

«Ho detto che di qui non esco se non mi battezzate il figlio come voglio io» ripeté Peppone e, deposto il fagotto col bimbo su una panca, si tolse la giacca, si rimboccò le maniche e si avanzò minaccioso.

«Gesù» implorò don Camillo. «Io mi rimetto a Voi.

2 **rimediare:** wieder gutmachen, beheben.
5f. **chiụdere col chiavistello:** den Riegel vorschieben.
9 **sussurrare:** flüstern, raunen.
12 **mẹttersi nei panni di qu** (fam.): sich in jds. Lage versetzen (*i panni:* Wäsche, Kleider).
13 **il sistema:** hier: Art und Weise.
14 **scuọtere il capo:** den Kopf schütteln.
18 **depositare qc:** etwas abstellen, ablegen.
19f. **rimboccarsi qc:** sich etwas hochkrempeln.
la mạnica: Ärmel.
21 **implorare:** flehen, bitten.

Se Voi stimate giusto che un Vostro sacerdote ceda alle imposizioni dei privati, io cedo. A ogni modo domani non lamentateVi se poi mi porteranno un vitello e mi imporranno di battezzarlo. Voi lo sapete: guai a creare dei precedenti.»

«Be'» rispose il Cristo. «In questo caso tu devi cercare di fargli capire ...»

«E se quello me la dà?»

«Prendile, don Camillo. Sopporta, soffri come ho fatto io.»

Don Camillo guardò il Cristo:

«Gesù» disse «Vi pare proprio che io abbia la faccia del fesso?».

«No» rispose il Cristo. «No davvero, don Camillo.»

Allora don Camillo si volse e si rimboccò le maniche.

«D'accordo, Peppone» disse. «Il bambino uscirà di qui battezzato, però non con quel nome dannato.»

«Don Camillo, ricordatevi che ho la pancia delicata per quella palla che mi sono preso in montagna. Non tirate colpi bassi o comincio a lavorare con una panca.»

«Stai tranquillo, Peppone, io te li sistemo tutti al

1 **stimare giusto qc:** etwas für richtig halten.
il sacerdote: Priester.
1 f. **cẹdere a qc:** bei etwas nachgeben.
2 **l'imposizione** f.: Befehl, Diktat.
4 **imporre a qu di fare qc:** hier: jdn. zwingen etwas zu tun.
5 **il precedente:** Präzedenzfall.
13 **il fesso / la fessa** (fam.): Dummkopf, Depp.
18 **dannato/a** (fam.): verdammt, verflucht.
21 **il colpo basso:** Tiefschlag.

piano superiore» rispose don Camillo collocandogli una sventola a cavalcioni di un'orecchia.

Erano due omacci con le braccia di ferro e volavano sberle che facevano fischiar l'aria. Dopo venti minuti di lotta furibonda e silenziosa, don Camillo sentì una voce alle sue spalle:

«Forza don Camillo! Tiragli alla mascella!»

Era il Cristo da sopra l'altare e don Camillo sparò alla mascella, e Peppone rovinò per terra.

Peppone rimase lungo disteso una decina di minuti, poi si rialzò, si massaggiò il mento, si rassettò, si rimise la giacca, si rifece il nodo al fazzoletto rosso, e prese in braccio il bambino.

Vestito dei paramenti d'uso, don Camillo lo aspettava, fermo come un macigno, davanti al fonte battesimale.

Peppone si avvicinò lentamente.

«Come lo chiamiamo?» chiese don Camillo.

«Camillo, Libero, Antonio» borbottò Peppone.

1 **il piano superiore:** Obergeschoss; hier (fig.): Gesicht.
1f. **collocare una svẹntola a qu:** hier: jdm. eine Ohrfeige verpassen.
2 **a cavalcioni di un'orecchia:** hier: genau aufs Ohr (*a cavalcioni:* rittlings).
3 **l'omaccio:** Kerl (pegg. zu *l'uomo*).
5 **furibondo/a:** wild, heftig.
7 **la mascella:** Kiefer.
8 **sparare:** hier: austeilen, verpassen.
9 **rovinare:** hier: fallen, donnern.
10 **disteso/a:** hingestreckt, ausgestreckt.
11 **il mento:** Kinn.
rassettarsi: sich zurechtmachen, herrichten.
12 **il nodo:** Knoten.
15 **il macigno:** Fels(block).
19 **borbottare:** murmeln, brummen.

Don Camillo scosse il capo.

«Ma no: chiamiamolo invece Libero, Camillo, Lenin» disse. «Sì, anche Lenin; quando hanno un Camillo vicino, i tipi come quello là non hanno niente da fare.»

«Amen» borbottò Peppone tastandosi la mascella.

Quando, finito tutto, don Camillo passò davanti all'altare, il Cristo disse sorridendo:

«Don Camillo, bisogna dire la verità: in politica ci sai fare meglio tu di me.»

«Anche a cazzotti però» rispose don Camillo con molto sussiego, tastandosi con indifferenza un grosso bernoccolo sulla fronte.

11 **il cazzotto:** Faustschlag, Boxhieb.
12 **il sussiego:** Haltung, Würde.
l'indifferenza: Gleichgültigkeit.
13 **il bernoccolo:** Beule.

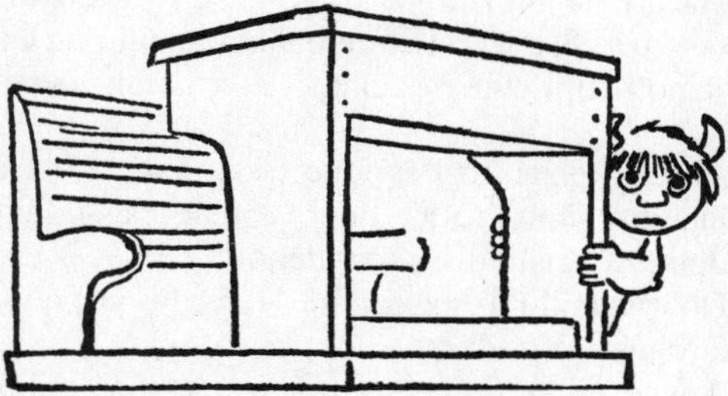

Scuola serale

La squadra degli uomini intabarrati prese cauta la via dei campi ed era buio profondo, ma tutti conoscevano quella terra zolla per zolla e marciavano sicuri. Arrivarono dietro una piccola casa isolata, fuori dal paese mezzo miglio, e scavalcarono la siepe dell'orto.

Attraverso le gelosie di una finestra del primo pia-

1 **serale** (agg.): Abend…, abendlich.
2 **intabarrarsi:** sich in einen Mantel hüllen, sich vermummen (*il tabarro:* schwerer Mantel).
cauto/a: vorsichtig.
4 **la zolla:** Erdscholle, Rasenstück.
marciare: marschieren.
6 **il miglio:** Meile.
scavalcare qc: über etwas klettern, steigen.
la siepe: Hecke.
7 **la gelosia:** hier: Rollladen, Jalousie.

no filtrava un po' di luce. «Andiamo bene» sussurrò Peppone che aveva il comando della piccola spedizione. «È ancora alzata. Il colpo è riuscito. Bussa tu, Spiccio.»

Uno alto e ossuto dalla faccia decisa si avanzò e bussò un paio di colpi alla porta.

«Chi è?» disse dal di dentro una voce.

«Scartazzini» rispose l'uomo.

Di lì a poco la porta si aperse e apparve una vecchia piccola coi capelli bianchi come la neve, e reggeva in mano una lucernetta. Gli altri uscirono dall'ombra e vennero davanti alla porta.

«Chi è tutta quella gente?» chiese la vecchia sospettosa.

«Sono con me» spiegò lo Spiccio. «Tutti amici. Dobbiamo parlarle di cose importanti.»

Entrarono tutt'e dieci in una saletta pulita e ristettero muti, accigliati e intabarrati davanti al tavolino al quale la vecchia era andata a sedersi. La vecchia inforcò gli occhiali e guardò le facce che spuntavano dai tabarri neri.

«Mmm!» borbottò. Li conosceva tutti a memoria,

1 **filtrare:** hier: durchdringen, -scheinen.
sussurrare: flüstern, raunen.
5 **ossuto/a:** knochig, knöchern.
11 **rẹggere:** (fest)halten, tragen.
la lucernetta (dim.): *la lucerna:* Öllampe.
17 f. **ristare** (lett.): *restare*.
18 **accigliato/a** (fig.): finster blickend.
19 f. **inforcare:** aufsetzen.
20 **spuntare:** zutage treten, sichtbar werden.
22 **borbottare:** murmeln, brummen.

dal principio alla fine, quei tipi. La vecchia aveva ottantasei anni e aveva cominciato a insegnare l'abbiccì in paese quando ancora l'abbiccì era roba da grande città. Aveva insegnato ai padri, ai figli e ai figli dei figli. Aveva pestato bacchettate sulle zucche più importanti del paese. Da un pezzo s'era ritirata dall'insegnamento e viveva sola in quella remota casetta, ma avrebbe potuto lasciare spalancate le porte perché «la signora Cristina» era un monumento nazionale e nessuno avrebbe osato toccarle un dito.

«Cosa c'è?» chiese la signora Cristina.

«È successo un fatto» spiegò lo Spiccio. «Ci sono state le elezioni comunali e hanno vinto i ‹rossi›.»

«Brutta gente i ‹rossi›» commentò la signora Cristina.

«I ‹rossi› che hanno vinto siamo noi» continuò lo Spiccio.

«Brutta gente lo stesso!» insisté la signora Cristina. «Nel millenovecentosette quel cretino di tuo padre voleva che togliessi il Crocifisso dalla scuola ...»

«Altri tempi» disse lo Spiccio. «Adesso è diversa.»

«Meno male» borbottò la vecchia. «E allora?»

1 **il principio:** hier: Anfang, Ursprung.
2 **l'abbiccì:** ABC.
5 **pestare:** schlagen, prügeln.
la bacchettata: Stockhieb (*la bacchetta:* Stock).
la zucca: Kürbis; hier (fig.): Birne, Schädel.
7 **remoto/a:** abgelegen, weit entfernt.
8 **spalancato/a:** (sperrangel)weit offen.
14 **commentare:** kommentieren, Stellung nehmen.
20 **il crocifisso:** Kruzifix, Kreuz.

«Allora il fatto è che abbiamo vinto noi, ma ci sono anche due della minoranza, due dei ‹neri›.»

«‹Neri›?»

«Sì, due reazionari: Spilletti e il cavalier Bignini ...»

La signora Cristina ridacchiò:

«Quelli, se siete rossi, vi faranno diventare gialli dall'itterizia! Figurati, con tutte le stupidaggini che direte!»

«Per questo siamo qui» borbottò lo Spiccio. «Noi non possiamo che venire da lei perché soltanto di lei possiamo fidarci. Lei, si capisce, pagando, ci deve aiutare.»

«Aiutare?»

«Qui c'è tutto il Consiglio comunale. Noi veniamo per i campi la sera tardi e lei ci fa un po' di ripasso. Ci riguarda le relazioni che dovremo leggere, ci spiega le parole che non riusciamo a capire. Noi sappiamo quello che vogliamo e non ci sarebbe bisogno di tante poesie, ma con quelle due carogne bisogna parlare in punta di forchetta o ci fanno passare per stupidi davanti al popolo.»

4 **il reazionario:** Reaktionär.
il cavalier(e): Ordensträger (der Titel *Cavaliere* wird vom italienischen Präsidenten für besondere Verdienste vergeben).
5 **ridacchiare:** kichern.
7 **l'itterizia:** Gelbsucht; hier (scherz.): Weißglut.
la stupidaggine (fam.): Dummheit, Blödsinn.
14 **il Consiglio comunale:** Gemeinderat.
15 **il ripasso:** Wiederholung.
16 **la relazione:** hier: Bericht.
19 **la carogna** (pegg.): Aas, Ekel.
19f. **parlare in punta di forchetta** (fam.): mit affektierter Eleganz sprechen.

La signora Cristina scosse gravemente il capo.

«Se voi invece di fare i mascalzoni aveste studiato quando era ora, adesso ...»

«Signora, roba di trent'anni, quarant'anni fa ...»

La signora Cristina inforcò gli occhiali, ed eccola col busto diritto, come ringiovanita di trent'anni. E anche gli altri erano improvvisamente ringiovaniti di trent'anni.

«Seduti» disse la signora Cristina. E tutti si accomodarono su sedie e panchette.

La signora Cristina alzò la fiamma della lucerna e passò in rassegna le facce dei dieci: appello senza parole. Ogni viso un nome e il ricordo di una fanciullezza.

Peppone era in un angolo buio, messo un po' di traverso.

La signora Cristina alzò la lucerna. Poi rimise giù la lucerna e alzò il dito ossuto.

«Tu vattene!» disse con voce dura.

Lo Spiccio tentò di dire qualcosa, ma la signora Cristina scosse il capo.

«In casa mia Peppone non deve neanche entrarci in fotografia!» esclamò. «Troppe me ne hai fatte, giova-

2 **il mascalzone** (fam.): Schurke, Schuft, Halunke.
6 **il busto:** Oberkörper.
ringiovanito/a: verjüngt.
10 **panchetta** (dim.): *la pancha:* Sitzbank.
12 **passare in rassegna qc/qu:** etwas/jdn. begutachten, mustern.
l'appello: (Namens-)Appell.
13f. **la fanciullezza:** Kindheit.
15f. **di traverso:** seitlich (stehend).
19 **vạttene!** (fam.): hau ab!, verschwinde!

notto. Troppe e troppo grosse! Fuori e non farti più vedere!»

Lo Spiccio allargò le braccia desolato:

«Signora Cristina, ma come si fa? Peppone è il sindaco!»

La signora Cristina si alzò e brandì minacciosa una lunga bacchetta.

«Sindaco o non sindaco, via di qui o ti do tante bacchettate che ti pelo la zucca.»

Peppone si alzò.

«Ve l'avevo detto?» borbottò uscendo. «Troppe ne ho fatte.»

«E ricordati che qui dentro non ci metti più piede neanche se tu diventassi ministro dell'Istruzione!» lo minacciò la signora Cristina, rimettendosi a sedere. «Asino!»

*

Don Camillo, nella chiesa deserta illuminata soltanto da due ceri dell'altare, stava chiacchierando col Cristo Crocifisso.

«Non è certo per criticare il Vostro operato» concluse a un bel momento «ma io non avrei permesso che un Peppone diventasse sindaco con una giunta nella quale soltanto due persone sanno correttamente leggere e scrivere.»

3 **desolato/a:** bekümmert, betrübt.
6 **brandire:** schwingen, schwenken.
18 **il cero:** große Kerze.
20 **l'operato:** Werk, Wirken, Tun.
22 **la giunta:** Ausschuss; hier: Gemeindevorstand.

«La cultura non conta un bel niente, don Camillo» rispose sorridendo il Cristo. «Quelle che contano sono le idee. I bei discorsi non concludono niente se sotto le belle parole non ci sono idee pratiche. Prima di dare un giudizio mettiamoli alla prova.»

«Giustissimo» approvò don Camillo. «Io dicevo questo semplicemente perché, se avesse vinto la lista dell'avvocato, avevo già l'assicurazione che il campanile sarebbe stato rimesso a posto. A ogni modo se la torre crollerà, in compenso sorgerà in paese una magnifica Casa del Popolo con sale da ballo, vendita di liquori, sale per il gioco d'azzardo, teatro per spettacoli di varietà ...»

«E serraglio per metterci dentro i serpenti velenosi come don Camillo» concluse il Cristo.

Don Camillo abbassò il capo. Gli dispiaceva di essersi dimostrato così maligno. Alzò la testa.

«Voi mi giudicate male» disse. «Voi sapete cosa significhi per me un sigaro. Ebbene, ecco: questo è l'unico sigaro che io posseggo e guardate cosa ne faccio.»

Trasse di tasca un sigaro e lo sbriciolò con l'enorme mano.

«Bravo» disse il Cristo. «Bravo don Camillo. Accetto la tua penitenza. Però adesso tu mi fai vedere a

10 **crollare:** einstürzen, zusammenbrechen.
12 **il gioco d'azzardo:** Glücksspiel.
14 **il serraglio:** Serail, Sultanspalast; hier: (Tier-)Menagerie.
22 **trarre:** herausziehen, -nehmen.
sbriciolare: zerkrümeln, zerbröseln.
25 **la penitenza:** Buße, Strafe.

buttar via le briciole perché tu saresti capace di mettertele in tasca e di fumarle poi nella pipa.»

«Ma qui siamo in chiesa» protestò don Camillo.

«Don Camillo, non ti preoccupare. Butta il tabacco in quell'angolo.»

Don Camillo eseguì sotto lo sguardo compiaciuto del Cristo, ed ecco si udì bussare alla porticina della sagrestia ed entrò Peppone.

«Buona sera signor sindaco» esclamò don Camillo con molta deferenza.

«Sentite» disse Peppone. «Se un cristiano ha un dubbio su una cosa che ha fatto e viene da voi a raccontarvela, se vi accorgete che quello ha commesso degli errori, voi glieli fate rilevare o potete anche infischiarvene?»

Don Camillo si seccò.

«Come osi mettere in dubbio la dirittura di un sacerdote? Il primo dovere di un sacerdote è quello di far rilevare chiaramente tutti gli errori che il penitente ha commesso!»

«Bene» esclamò Peppone. «Siete pronto a raccogliere la mia confessione?»

1 **la brịciola:** Krümel, Brösel.
6 **compiaciuto/a:** zufrieden.
8 **la sagrestịa:** Sakristei.
9 **esclamare:** ausrufen.
10 **la deferenza:** Ehrerbietung, Hochachtung.
15 **infischiarsi di qc/qu:** auf etwas/jdn. pfeifen.
16 **seccarsi** (fam.): sich ärgern, genervt sein.
17 **la dirittura:** Rechtschaffenheit, Redlichkeit.
17 f. **il sacerdote:** Priester.
19 f. **il/la penitente:** Büßer(in).

«Sono pronto.»

Peppone trasse di tasca un grosso scartafaccio e cominciò a leggere:

«*Cittadini, nel mentre salutiamo la vittoriosa affermativa della lista …*».

Don Camillo lo interruppe con un gesto e andò a inginocchiarsi davanti all'altare.

«Gesù» mormorò «io non rispondo più delle mie azioni!»

«Ne rispondo io» rispose il Cristo. «Peppone ti ha battuto e tu devi accusare onestamente il colpo e comportarti secondo i tuoi impegni.»

«Gesù» insistette don Camillo «Vi rendete conto che mi fate lavorare per l'Agit-prop?»

«Tu lavori per la grammatica, la sintassi e l'ortografia, le quali cose non hanno niente di diabolico né di settario.»

Don Camillo inforcò gli occhiali, impugnò il lapis e rimise in piedi i periodi traballanti del discorso che

2 **il scartafaccio** (pegg.): Schmierheft, Blätterstoß.
4f. **l'affermativa:** Bestätigung, Erfolg.
7 **inginocchiarsi:** (sich) niederknien.
8 **mormorare:** murmeln, flüstern.
14 **l'Agit-prop** (abbr.): *agitazione e propaganda:* Agitprop, politische Werbung und Propaganda (seit 1920 durch Lenin eingeführter Begriff für die Verbreitung kommunistischer Politik durch Propaganda).
15 **la sintassi:** Syntax, Satzbau.
16 **diabolico/a:** diabolisch, teuflisch.
17 **settario/a:** parteiisch, parteilich.
18 **impugnare:** ergreifen.
il lapis: Bleistift.
19 **traballante** (agg.): wacklig.

Peppone doveva leggere il giorno dopo. Peppone rilesse gravemente.

«Bene» approvò. «L'unica cosa che non capisco è questa: dove io dicevo ‹*È nostro intendimento fare ampliare l'edificio scolastico e ricostruire il ponte sul Fossalto*› voi avete corretto ‹*È nostro intendimento fare ampliare l'edificio scolastico, far riparare la torre della chiesa e far ricostruire il ponte sul Fossalto*›. Perché?»

«È una questione di sintassi» spiegò gravemente don Camillo.

«Beati voi che avete studiato il latino e capite tutte le sfumature della lingua» sospirò Peppone. «E così» aggiunse «anche la speranza che vi caschi in testa la torre sfuma.»

Don Camillo allargò le braccia.

«Bisogna inchinarsi alla volontà di Dio.»

Quando rientrò dopo aver accompagnato Peppone alla porta, don Camillo venne a salutare il Cristo.

«Bravo, don Camillo» gli disse sorridendo il Cristo. «Ti avevo giudicato male e mi dispiace che tu abbia rotto l'ultimo tuo sigaro. È una penitenza che non meritavi. Però, siamo sinceri: è stato ben villano quel

4 **l'intendimento:** Absicht.
4f. **ampliare:** erweitern, vergrößern.
5f. **il Fossalto:** fiktiver Name für einen Wassergraben (*il fosso:* [Wasser-]Graben).
11 **beato/a:** glücklich.
12 **la sfumatura:** Nuance, Feinheit.
13 **cascare:** (hin)fallen.
14 **sfumare** (fig.): sich in Rauch auflösen, zunichte werden.
16 **inchinarsi:** sich verneigen, verbeugen.
22 **il villano** (pegg.): Flegel, Rüpel.

Peppone a non offrirti neppure un sigaro, dopo tutta la tua fatica!»

«E va bene» sospirò don Camillo cavando dalla tasca un sigaro e accingendosi a stritolarlo nella grossa mano.

«No, don Camillo» disse il Cristo sorridendo. «Vattelo a fumare in pace. Te lo sei meritato.»

«Ma ...»

«No, don Camillo, non l'hai rubato. Peppone ne aveva due nel taschino, di sigari. Peppone è comunista: prelevandone destramente uno non hai fatto che prenderti la tua parte.»

«Nessuno meglio di Voi sa queste cose» esclamò don Camillo con molto rispetto.

1 **neppure:** nicht einmal.
3 **cavare qc:** etwas herausholen.
4 **accingersi a qc:** sich an etwas machen.
stritolare: zermalmen.
10 **il taschino** (dim.): Täschchen.
11 **prelevare qc:** etwas entnehmen.
destramente (lett.): geschickt.

Gli irregolari

È arrivato il momento di parlare dello Smilzo, «capostaffetta» del Comune e capo della «Volante-proletaria» della sezione, ed è venuto il momento di definirlo quale veramente egli era: un immorale.
O, meglio ancora: uno spudorato. Perché chi non si cura dello scandalo che può suscitare in un piccolo paese convivendo con l'amante è soltanto uno spudorato. E spudorata la disgraziata che divideva il suo letto.

2f. **il capo-staffetta:** Staffelführer.
3f. **la Volante-proletaria:** proletarisches Einsatzkommando.
4 **la sezione:** Abteilung, Sektion.
5 **l'immorale** m./f.: amoralischer, unsittlicher Mensch.
6 **lo spudorato / la spuderata:** Schamlose(r).
7 **suscitare qc:** etwas auslösen, erregen.
9 **il disgraziato / la disgraziata** (pegg.): Mistkerl, Unglückliche(r).

La gente chiamava la Moretta «la mantenuta dello Smilzo», ma in verità si trattava di una ragazza che si manteneva benissimo da sola perché era un pezzo di donna che lavorava come un uomo e lavorava bene, tanto è vero che le affidavano la trattrice per l'aratura e guidava il Lancia RO di Censetti con la sicurezza di Peppone. E per quanto le donne del paese la definissero una sporcacciona, non c'era barba di uomo che, avendo tentato qualche confidenza, non si fosse pigliato sul muso uno schiaffone di quelli che fanno perdere l'indirizzo di casa.

Con tutto questo era lo scandalo del paese assieme a quell'altro balordo dello Smilzo che la chiamava *«la mia compagna»* e se la portava in giro per il paese seduta in canna alla bicicletta, quando non era lui seduto in canna e la squilibrata in sella.

Allorché don Camillo, sobillato da tutte le «ché-

1 **il mantenuto / la mantenuta** (pegg.): ausgehaltene Person, Mätresse.
3 **mantenersi:** für den eigenen Unterhalt sorgen.
5 **la trattrice per l'aratura:** Traktor zum Pflügen.
6 **il Lancia RO:** LKW der Marke Lancia, gebaut ab 1932.
8 **lo sporcaccione / la sporcacciona** (pegg.): Ferkel, Drecksau.
9 **la confidenza:** Vertraulichkeit.
9f. **pigliarsi:** sich holen, zuziehen.
10 **lo schiaffone** (scherz.): kräftige Ohrfeige (*lo schiaffo:* Ohrfeige).
13 **il balordo / la balorda** (pegg.): Gauner, Idiot.
14 **il compagno / la compagna:** Lebensgefährte(-in); hier: Genosse(-in).
15 **in canna (alla bicicletta):** auf der (Fahrrad-)Stange.
16 **lo squilibrato / la squilibrata:** Gestörte(r).
la sella: (Fahrrad-)Sattel.
17 **allorché:** als.
sobillare qu: jdn. aufhetzen.
17f. **la chéca** (region.): alte Jungfer.

che» del paese, aveva parlato di «certe sporcaccione che girano in bicicletta da corsa per il paese mostrando il sedere come la faccia», la compagna Moretta aveva cominciato a marciare in tuta e la tuta blu col fazzoletto rosso al collo era diventata la sua divisa suscitando uno scandalo furibondo.

Don Camillo, una volta che riuscì ad agguantare lo Smilzo, provò a parlargli di «regolarizzare la sua posizione», ma lo Smilzo gli sghignazzò in faccia.

«Non c'è da regolarizzare un accidente! Noi facciamo, né più né meno, quello che fanno i fessi che si sposano.»

«I galantuomini, non i fessi!» ribatté don Camillo.

«I fessi che rovinano tutta la bellezza dell'unione di due anime gemelle mettendoci in mezzo un mammalucco di sindaco e un tabaccone di prevosto!»

Don Camillo aveva incassato il «tabaccone» e aveva insistito. Ma lo Smilzo sghignazzò ancora.

«Il Padreterno, se avesse stabilito che gli uomini e

4 **la tuta:** Anzug, Overall (*la tuta blu:* Blaumann).
5 **la divisa:** Uniform; hier (fig.): Markenzeichen.
6 **furibondo/a:** wild, heftig.
7 **agguantare qc/qu:** etwas/jdn. zu fassen bekommen.
8 **regolarizzare:** legalisieren, gesetzlich regeln.
9 **sghignazzare:** höhnisch lachen.
10 **non … un accidente:** überhaupt nichts, nicht das Geringste.
11 **il fesso / la fessa** (pegg.): Dummkopf, Depp.
13 **il galantuomo:** Ehrenmann.
ribattere: erwidern, widersprechen.
15f. **il mammalucco** (pegg.): Schwachkopf.
16 **il tabaccone** (scherz.): Tabakraucher.
il prevosto: Probst (Titel innerhalb der christlichen Kirchen).
17 **incassare** (fig.): einstecken.
19 **il Padreterno:** Ewiger Vater, Gott.

le donne si devono unire per mezzo del matrimonio, nel Paradiso terrestre ci avrebbe messo, oltre ad Adamo ed Eva, anche un prete. L'amore è nato libero e libero deve rimanere! Verrà il giorno in cui la gente capirà che il matrimonio è una condanna alla galera e si sposerà senza bisogno di preti e allora ci faremo tante feste da ballo nelle chiese!»

Don Camillo si trovò sottomano soltanto un mattone e lanciò il mattone: ma lo Smilzo era quello famoso che, *temporibus illis*, riusciva a passare fra palla e palla di una raffica di mitra e fu un mattone sprecato.

Don Camillo non disarmò e un giorno riuscì a intrappolare la Moretta e la Moretta arrivò in canonica in tuta e col fazzoletto rosso al collo: si sedette davanti a don Camillo e accese una sigaretta.

Don Camillo non la prese a scapaccioni e non ruggì: parlò con voce sommessa.

5 **la galera** (fam.): Zuchthaus, Knast.
8 **sottomano:** griffbereit, zur Hand.
8f. **il mattone:** Ziegel-, Backstein.
10 **temporibus illis** (lat.): zu jener Zeit.
11 **la raffica:** Salve.
la mitra: Maschinenpistole.
11f. **sprecato/a:** vergeudet, verschwendet.
13 **disarmare** (fig.): nachgeben, die Waffen strecken.
13f. **intrappolare qu:** jdn. blockieren, aufhalten.
14 **la canonica:** Pfarrhaus.
17 **prendere qu a scapaccioni** (fam.): jdm. ein paar auf den Hinterkopf geben.
17f. **ruggire:** brüllen.
18 **sommesso/a:** unterwürfig, demütig; hier: leise, verhalten.

«Sei una ragazza che lavora» le disse «so che la tua casa è pulita, che non consumi il danaro, che non chiacchieri dietro la gente. So pure che vuoi bene a tuo marito ...»

«Non ho marito: ho un compagno» lo interruppe la Moretta.

«So che vuoi bene al tuo compagno» continuò paziente don Camillo «quindi, per quanto tu non abbia mai voluto venirti a confessare, io credo che tu sia una donna onesta. Perché allora ti comporti in modo che la gente ti giudichi una donna disonesta?»

«La gente io me la metto qui» spiegò con calma la Moretta battendosi la palma della mano destra sulla tasca posteriore della tuta.

Don Camillo, che cominciava a vedere leggermente rosso, prese a parlare del matrimonio, ma la Moretta lo interruppe subito.

«Se il Padreterno avesse stabilito che gli uomini e le donne si devono unire per mezzo del matrimonio ...»

«Grazie» la interruppe don Camillo «il resto lo so già.»

«L'amore è nato libero e libero deve rimanere» concluse gravemente la Moretta. «Il matrimonio è l'oppio dell'amore.»

*

11 f. **disonesto/a:** unanständig.
14 **la palma della mano:** Handteller, -fläche.
26 **l'oppio:** Opium.

Le vecchie non davano tregua e andarono anche in commissione dal sindaco dicendo che era una vergogna per tutto il Comune e che lui aveva il dovere di tutelare la moralità pubblica, e tante altre belle cose.

«Io mi sono sposato» rispose Peppone «e posso sposare chi si vuole sposare, ma non posso obbligare a sposarsi chi non si vuole sposare. Adesso la legge è così. Quando comanderà il Papa, allora sarà diversa.»

Le vecchie insistettero.

«Se voi non lo potete come sindaco, lo potete come capo della sezione: quegli svergognati sono tutt'e due iscritti al vostro partito. È un disonore anche per il vostro partito.»

«Proverò» promise Peppone.

E difatti provò.

«Piuttosto che sposarmi mi iscrivo al partito di Saragat» gli rispose lo Smilzo.

E così non se ne parlò più e passò del bel tempo e lo scandalo dei due spudorati fu sommerso dalla poli-

1 **dare tręgua:** Waffenstillstand schließen, Ruhe geben.
4 **tutelare:** schützen, wahren.
9 **comandare:** kommandieren, befehlen.
13 **lo svergognato / la svergognata:** Schamlose(r).
14 **il disonore:** Schande.
17 **difatti:** tatsächlich, in der Tat.
18 f. **Ṣaragat:** Giuseppe Saragat, italienischer Politiker. Zunächst Mitglied der Sozialistischen Partei Italiens (PSI, *Partito Socialista Italiano*), die er mit dem rechten Flügel der Partei verlässt, um später die Sozialdemokratische Partei Italiens (PSD, *Partito Socialista Democratico*) mit zu begründen.
21 **sommerso/a:** überflutet, versunken; hier (fig.): überschattet.

tica. Ma un bel giorno lo scandalo saltò fuori e fu una cosa furibonda.

Era un bel pezzo che la *compagna* non si vedeva in giro e, a un tratto, una notizia rimbalzò da bocca a bocca: adesso i compagni erano in tre perché, disse la levatrice, era venuta al mondo una bambina che neppure se la meritavano quei due mascalzoni, tanto era bellina.

Le vecchie cominciarono a trebbiare parole e parolacce, i *politici* urlarono: «Ecco la moralità di quei porci dei comunisti». «Vuoi scommettere che non la fanno neanche battezzare, quei senzadio?» si disse anche. E la voce arrivò a Peppone che si precipitò a casa dei due irregolari.

*

Don Camillo stava leggendo nel suo studiolo, quando entrò lo Smilzo.

«C'è da battezzare roba» disse lo Smilzo.

«Bella roba» borbottò don Camillo.

1 **saltare fuori:** herauskommen.
4 **rimbalzare:** abprallen, zurückspringen; hier (fig.): sich verbreiten.
6 **la levatrice:** Hebamme.
7 **il mascalzone** (fam.): Schurke, Schuft, Halunke.
9 **trebbiare:** dreschen.
9 f. **la parolaccia:** Schimpfwort.
11 **il porco:** Schwein (*porco/a* [volg.]: Scheiß…, Drecks…).
scommettere: wetten.
12 **battezzare qu:** jdn. taufen.
il/la senzadio (invar.): Gottlose(r).
13 **precipitarsi:** eilen.
15 **lo studiolo** (dim.): *lo studio*.
18 **borbottare:** murmeln, brummen.

«Adesso per mettere al mondo dei bambini ci vuole il nulla osta dell'onorevole Andreotti?» si informò lo Smilzo.

«Ci vuole soltanto la vostra porca coscienza» ribatté don Camillo. «A ogni modo, affari vostri. Ti avverto che se quella disgraziata della tua *compagna* mi viene davanti in tuta vi caccio via a sberle tutti. Passate fra venti minuti.»

Arrivò la Moretta con in braccio il fagotto, e assieme c'erano lo Smilzo, Peppone e sua moglie tutta in ghingheri.

Don Camillo si fece sulla porta della chiesa.

«Via tutta la roba rossa!» ordinò senza neanche guardare se avessero roba rossa indosso. «Qui è la Casa di Dio, non la Casa del *Poppolo*.»

«Qui di rosso non c'è che la nebbia che vi riempie la zucca!» rispose cupo Peppone.

Entrarono. Don Camillo apprestò il fonte battesimale e iniziò il rito.

2 **il nulla osta:** Einverständnis (*ostare:* entgegenstehen).
l'onorẹvole m./f.: der Herr, die Frau Abgeordnete.
Andreotti: Giulio Andreotti, italienischer Politiker und Mitglied mehrerer Regierungen, bis 1994 Vertreter der Christdemokratischen Partei (DC, *Democrazịa Cristiana*).
7 **la sberla** (fam.): Ohrfeige.
9 **il fagotto:** Bündel.
10f. **in ghịngheri** (fam.): herausgeputzt.
14 **avere qc indosso:** etwas an sich haben, tragen.
17 **la zucca:** Kürbis; hier (fig.): Birne, Schädel.
cupo/a (fig.): finster.
18 **apprestare qc:** etwas vorbereiten.
18f. **il fonte battesimale:** Taufbecken.
19 **il rito:** Ritus, Ritual.

«Che nome?» borbottò.

«Rita, Palmira, Valeria» sussurrò la madre.

Don Camillo sbirciò la Moretta.

«E perché no anche Colonnella e Donga?» chiese cupo.

«Rita è mia madre, Palmira è la madre di lui e Valeria era mia nonna» protestò la Moretta.

«Peggio per loro!» rispose don Camillo secco. «Emilia, Rosa, Antonietta.»

Peppone scalpitava come un cavallo. Lo Smilzo sospirò e scosse leggermente il capo.

Al termine del rito andarono in canonica per via della registrazione nel libro.

«Adesso, col nuovo governo, è proibito chiamarsi Palmiro?» si informò sarcastico Peppone. Ma don Camillo non gli diede retta e fece cenno che lui e sua moglie potevano andare.

Rimasero fermi davanti al tavolo lo Smilzo e la Moretta con la bambina in braccio. Don Camillo andò a chiudere la porta.

«Enciclica rerarum novium» annunciò annoiato lo Smilzo facendo il viso dell'uomo rassegnato al suo destino.

«Nessun discorso» disse don Camillo con voce fred-

2 **sussurrare:** flüstern, raunen.
3 **sbirciare:** verstohlen betrachten; hier: mustern.
10 **scalpitare:** stampfen, scharren.
16 **dare retta a qc/qu:** auf etwas/jdn. hören.
il cenno: Zeichen.
21 **enciclica rerarum novium** (lat.): eine Enzyklika (päpstliches Rundschreiben) neuer Dinge.
22 **rassegnato/a:** (schicksals)ergeben.

da e distante «solo una avvertenza. Anche se voi non vi sposate, non succederà niente, niente crollerà. Siete semplicemente due scarafaggi che tentano di rosicchiare un pilastro di San Pietro. Non mi interessate né voi né il vostro prodotto.»

In quel momento qualcosa si agitò nel fagotto e il nominato «prodotto» spalancò gli occhi e sorrise a don Camillo. Ed era una faccina così bella, così fresca e così pulita che don Camillo, dopo un istante di stupore, sentì montarsi il sangue alla testa e gli scapparono i cavalli.

«Vigliacchi!» gridò. «Non avete il diritto di caricare su quella creatura il peso delle vostre sciocchezze! Non avete il diritto di sporcare una cosa così pulita e innocente! Diventerà una bellissima donna e la gente la invidierà e non sembrerà vero alla gente di poter macchiare quel fiore chiamandola ‹figlia di una mantenuta›. Se non foste due sudici mascalzoni non

1 **distante** (agg.): hier: distanziert.
l'avvertenza: Ermahnung.
2 **crollare:** einstürzen, zusammenbrechen.
3 **lo scarafaggio:** Schabe, Kakerlake.
3f. **rosicchiare:** annagen, anknabbern.
4 **il pilastro:** Pfeiler.
San Pietro: Petersdom in Rom (Sinnbild für die gesamte katholische Kirche, als deren erster Vorsteher der Hl. Petrus gilt).
7 **spalancare:** aufreißen, weit öffnen.
9f. **lo stupore:** Erstaunen, Verwunderung.
10f. **a qu scappano i cavalli** (fig.): jdm. gehen die Pferde durch, jd. verliert die Beherrschung.
12 **il vigliacco / la vigliacca** (pegg.): Schuft, Schurke(-in).
13 **la sciocchezza:** Dummheit, Blödsinn.
18 **sudicio/a** (pegg.): schmutzig, unanständig.

esporreste vostra figlia alla cattiveria della gente ipocrita e gelosa della bellezza altrui. Tu puoi infischiartene di quello che la gente dice di te, ma come potrai infischiarti del veleno che la gente, per causa tua, tenterà di gettare su tua figlia?»

Don Camillo aveva alzato i pugni e gonfiato il petto e pareva ancor più alto e colossale e i due sciagurati si erano ridotti in un angolo.

«Sposatevi, canaglie» urlò don Camillo.

Lo Smilzo era pallido e sudava e scosse disperatamente il capo.

«No, no, sarebbe la fine per noi. Ci sarebbe da morire di vergogna davanti alla gente!»

La bambina evidentemente si divertiva e si mise a ridere ancora agitando le mani: allora don Camillo si sentì come sgomento.

«Ve ne prego» implorò «è troppo bella!»

Succedono delle cose strampalate, a questo mondo: uno, per esempio, prende una mazza di ferro e tempesta una porta e non riesce a smuoverla di un millimetro. Poi, a un bel momento, stanco morto fa per

1 f. **ipocrita** (agg. invar.): heuchlerisch, scheinheilig.
2 **altrụi** (pron. invar.): *di altri.*
2 f. **infischiarsi di qc/qu:** auf etwas/jdn. pfeifen.
7 **colossale** (agg.): enorm, riesig.
7 f. **lo sciagurato / la sciagurata:** Frevler(in), ruchloser Mensch.
9 **la canaglia** (pegg.): Schuft, Schurke.
16 **sgomento/a:** erschüttert, bestürzt.
17 **implorare:** flehen, bitten.
18 **strampalato/a:** verrückt, schräg.
19 **la mazza:** Knüppel, Keule, Vorschlaghammer.
19 f. **tempestare qc:** auf etwas einschlagen, einhämmern.
20 **smuọvere qc:** etwas bewegen, verrücken.

asciugarsi il sudore e appende il capello alla maniglia e si sente un «trik» e la porta si spalanca da sé.

La Moretta era una porta d'acciaio, ma aveva anche lei la sua maniglia e così, appena sentì che don Camillo smetteva di fare il furioso e diceva «Ve ne prego, è troppo bella» con una voce che pareva di un altro, si spaventò e, buttatasi a catafascio su una sedia, si mise a piangere.

«No, no» singhiozzò «non si può: è da tre anni che siamo sposati e nessuno lo sa perché ci siamo sposati via di qui. A noi ci è sempre piaciuto l'amore libero. E non abbiamo detto niente.»

Lo Smilzo fece di sì con la testa. Proprio così.

«Il matrimonio è l'oppio dell'amore» spiegò lo Smilzo. «L'amore è nato libero. Se il Padreterno ...»

Don Camillo andò di là un momentino a rinfrescarsi la faccia. Al ritorno trovò lo Smilzo e la compagna moglie abbastanza tranquilli. La ragazza porse un foglietto a don Camillo ed era l'atto di matrimonio.

«Sotto il segreto della confessione» sussurrò la ragazza.

Don Camillo fece di sì con la testa.

«E così tu nell'impiego sei dichiarato come celibe e non prendi neanche gli assegni familiari» disse don Camillo allo Smilzo.

«Precisamente» rispose lo Smilzo. «Per il trionfo dell'Idea si può far questo sacrificio e altro.»

7 **a catafascio:** durcheinander.
9 **singhiozzare:** schluchzen.
18f. **il foglietto:** Zettelchen (dim. zu *il foglio*).
19 **l'atto di matrimonio:** Heiratsurkunde.
23 **l'impiego:** Anstellung, Arbeitsstelle.

Don Camillo restituì il foglio.

«Siete due mammalucchi» osservò con molta calma.

Poi siccome la bambina gli sorrideva ancora rettificò.

«Siete due mammalucchi e mezzo.» Giunto sulla porta lo Smilzo si volse e salutò col pugno chiuso.

«A piazzale Loreto c'è sempre un posto per i detrattori del popolo» spiegò gravemente.

«Mettici il cappello, così il posto non te lo portano via.»

«Il 18 aprile rappresenta un semplice episodio di insignificante valore» chiarì lo Smilzo con voce solenne. «Noi veniamo di molto lontano e andiamo molto lontano. *Dasvidania*, cittadino prete.»

4 f. **rettificare:** berichtigen, korrigieren.

8 **il piazzale Loreto:** Platz in Mailand, auf dem 1945 die Leichen Mussolinis, seiner Geliebten und weiterer Faschisten öffentlich zur Schau gestellt wurden.

8 f. **il detrattore:** Verleumder.

12 **il 18 aprile:** Am 18. April 1948 fanden in Italien die ersten Parlamentswahlen der italienischen Republik statt.

13 **insignificante** (agg.): unbedeutend, belanglos.
il valore: Wert, Bedeutung.

13 f. **solenne** (agg.): ernst, feierlich.

15 **dasvidania** (russ.): Auf Wiedersehen.

Fulmini

Per il sindaco Peppone il cinematografo era un male di famiglia. Il padre di Peppone, infatti, era stato il primo a portare una macchina trebbiatrice nelle aie della Bassa e i vecchi se lo ricordavano tutti.

I giovani di adesso si mettono a ridere sentendo parlare così perché non riescono a capire cosa c'entri il cinematografo con una macchina trebbiatrice: ma i

1 **il fụlmine:** Blitzschlag.
2 **il cinematografo:** Kinematograph, Filmprojektor.
4 **la mạcchina trebbiatrice:** Dreschmaschine (*trebbiare:* dreschen).
l'aia: Tenne.
5 **la Bassa:** Gebiet in der Poebene nördlich von Parma, das vom Po bis zur altrömischen Straße Via Emilia reicht und seitlich von den Flüssen Enza und Ongina begrenzt wird.

giovani d'oggi sono dei disgraziati che nascono già col numero del telefono di casa loro scritto nel cervello e, nelle faccende dove c'entra il sentimento, hanno il garbo della scrofa che va a spasso in un campo di granturco.

Allora l'elettricità era un lusso riservato ai soliti mammalucchi cittadini e, siccome per fare andare il cinematografo ci voleva l'elettricità, il padre di Peppone aveva piantato una dinamo sul vapore che serviva per far funzionare la trebbiatrice e la imballatrice: e, quando non trebbiava, andava in giro per i paesi col vapore trascinato da due vacche a dare spettacolo col cinematografo.

I trattori a petrolio sono porcherie puzzolenti arrivate alla fine della grande guerra, quindi ne son già passati degli anni da allora e i giovani di oggi non sanno neanche come erano fatti i vapori che giravano per le campagne trascinati dai buoi: avevano un alto camino che, durante gli spostamenti, veniva

1 **il disgraziato / la disgraziata** (pegg.): Miststück, Lump, Gauner(in).
4 **il garbo:** Anstand, Benehmen.
la scrofa (volg.): Sau.
andare a spasso (fam.): (herum)spazieren.
5 **il granturco:** Mais.
6 **solito/a:** üblich, gleich.
7 **il mammalucco** (pegg.): Schwachkopf.
9 **la dinamo:** Dynamo, Stromgenerator.
il vapore: hier: Dampfmaschine.
10 **la imballatrice:** hier: Heu-, Strohpresse.
12 **la vacca:** Kuh.
14 **la porcheria** (fam.): Schweinerei.
puzzolente (agg.): stinkend, widerlich.
18 **trascinare:** schleppen, schleifen.
19 **lo spostamento:** Verlegung, Ortswechsel.

ribaltato, erano pitturati di verde, con delle magnifiche cerchiature di ottone lucido e portavano un grande volano. Non facevano baccano: lavoravano in silenzio, senza puzzo, e avevano un fischio che era una meraviglia.

Il cinematografo, per il sindaco Peppone, era un male di famiglia e quando, finita la Casa del Popolo, si trovò a disposizione il grande stanzone delle assemblee, la prima cosa alla quale pensò fu il cinematografo.

E così, una bella mattina, il paese si svegliò pieno di manifesti che annunciavano per la domenica seguente la inaugurazione della stagione cinematografica alla Casa del Popolo.

Il padre di don Camillo non si era mai neanche sognato di andare in giro per i paesi a mostrare il cinematografo: però l'idea di impiantare una cabina di proiezione nel suo Ritrovo-giardino era sempre stata

1 **ribaltare:** umklappen.
pitturare: anstreichen, bemalen.
2 **la cerchiatura:** Reifen, Bereifung.
l'ottone m.: Messing.
3 **il volano:** hier: Schwungrad.
il baccano: Radau, Lärm.
5 **la meraviglia:** Wunder.
8 **lo stanzone** (accr.): *la stanza*.
8f. **l'assemblẹa:** Versammlung.
12 **il manifesto:** Plakat.
17 **impiantare:** errichten, aufstellen.
17f. **la cabina di proiezione:** Projektionsraum (*proiettare:* projizieren, zeigen).
18 **il Ritrovo-giardino:** Garten-Treffpunkt (wird von Don Camillo hinter dem Pfarrhaus betrieben und steht in ständiger Konkurrenz zu Peppones *Casa del Popolo*).

il chiodo fisso di don Camillo e così, quando vide i manifesti di Peppone, si sentì un gatto vivo dentro lo stomaco.

Si consolò un poco soltanto il pomeriggio della domenica perché scoppiò un temporale maledetto e cominciò una pioggia da Diluvio Universale. Alle dieci di sera don Camillo era ancora alzato ad aspettare il resoconto e venne il Barchini gocciolante ma contento:

«C'erano quattro gatti in tutto alla Casa del Popolo: l'acqua ha tenuto lontano la gente delle frazioni. Oltre al resto la luce calava e cresceva continuamente e così, a un bel momento, hanno dovuto smettere. Peppone era imbestialito.»

Don Camillo allora andò a inginocchiarsi davanti al Cristo Crocifisso dell'altar maggiore:

«Gesù, Vi ringrazio» disse.

«Di che cosa, don Camillo?»

«Di aver fatto scoppiare il temporale e d'aver guastato la linea elettrica.»

Il Cristo sospirò.

1 **il chiodo fisso** (fig.): fixe Idee.
2f. **si sentì un gatto vivo dentro lo stomaco** (loc.): es stülpte sich ihm der Magen um.
5 **maledetto/a** (fam.): verflucht, verflixt.
6 **il Diluvio Universale:** Sintflut.
7f. **il resoconto:** Bericht, Zusammenfassung.
8 **gocciolante** (avv.): tropfend.
9 **c'erano quattro gatti** (loc.): es war kaum jemand da.
10 **la frazione:** hier: Ortsteil.
11 **calare:** hier: abnehmen, nachlassen.
13 **imbestialito/a:** fuchsteufelswild, rasend.
14 **inginocchiarsi:** (sich) niederknien.
15 **crocifisso/a:** gekreuzigt.
18f. **guastare:** beschädigen, zerstören (*il guasto:* Schaden).

«Don Camillo, io non c'entro col guasto alla luce elettrica: lo sai che io facevo il falegname, non l'elettricista. In quanto al temporale, tu credi davvero che l'Eterno Padre abbia scomodato i venti e le nubi e i fulmini per impedire che Peppone proiettasse tranquillamente la sua pellicola?»

Don Camillo abbassò la testa.

«Veramente no» balbettò. «È il maledetto vizio di noi poveri uomini quello di ringraziare Dio delle cose che ci fanno comodo e di credere che esse siano avvenute per far comodo a noi.»

*

Il temporale si ammansì verso la mezzanotte, ma alle tre del mattino riprese più furibondo di prima e a un tratto un fragore d'inferno risvegliò di soprassalto don Camillo. Don Camillo non aveva mai sentito uno schianto così forte e così vicino: saltò giù dal letto, corse alla finestra per vedere cosa diavolo fosse successo e rimase a bocca aperta. La guglia del campanile non c'era più. Un fulmine l'aveva polverizzata.

4 **scomodare qu:** jdn. belästigen, bemühen.
la nube: Wolke.
8 **balbettare:** stammeln, stottern.
12 **ammansirsi:** sich beruhigen.
13 **furibondo/a:** wild, heftig.
14 **a(d) un tratto:** plötzlich, auf einmal.
il fragore: Getöse, Dröhnen.
risvegliare di soprassalto (fam.): aus dem Schlaf hochfahren.
16 **lo schianto:** Krach, Knall.
18 **la guglia:** Fiale (schlankes, spitz auslaufendes Türmchen an gotischen Bauwerken).
19 **polverizzare:** pulverisieren, zu Pulver zermahlen.

Era un fatto straordinariamente semplice, ma a don Camillo sembrò addirittura incredibile e così andò a confidarsi col Cristo.

«Gesù» disse con la voce tremante per l'emozione «il campanile è stato colpito dal fulmine!»

«Capisco, don Camillo» rispose calmo il Cristo. «Il fatto che, durante un temporale, il fulmine cada su un edificio è comune.»

«Il fulmine è caduto sul campanile!» insisté sbalordito don Camillo.

«Ho inteso, don Camillo.»

Don Camillo guardò sbalordito il Cristo Crocifisso poi allargò le braccia:

«Perché?» domandò con voce piena di amarezza.

«Durante un temporale, un fulmine è caduto sulla guglia di un campanile» disse il Cristo. «Credi tu necessario che il tuo Dio si giustifichi davanti a te di questo fatto? Poco fa lo ringraziavi d'aver fatto scoppiare quel temporale che danneggiava il tuo prossimo: adesso lo rimproveri perché lo stesso temporale ha danneggiato te?»

«Non ha danneggiato me» rispose don Camillo. «Ha danneggiato la Casa di Dio.»

«La Casa di Dio è l'infinito e l'eternità. Anche se tutti i mondi che popolano l'universo si polverizzasse-

3 **confidarsi a/con qu:** sich jdm. anvertrauen.
4 **tremante** (agg.): zitternd, zittrig.
8 **comune** (agg.): gewöhnlich, normal.
9 **insịstere:** auf etwas beharren, bestehen.
9f. **sbalordito/a:** erstaunt, verblüfft.
14 **l'amarezza:** Bitterkeit, Traurigkeit.

ro, la Casa di Dio rimarrebbe intatta. Durante un temporale, un fulmine è caduto sulla guglia di un campanile, don Camillo: questo è tutto quanto si può dire o pensare. Doveva pur cadere in qualche parte.»

Don Camillo parlava col Cristo, ma il pensiero del suo bel campanile scoperchiato gli riempiva il cervello.

«Quel fulmine avrebbe potuto benissimo anche non cadere!» disse don Camillo. E il Cristo ebbe pietà del suo dolore e continuò a parlargli con dolcezza.

«Don Camillo, calmati e ragiona. Dio ha creato l'universo, e l'universo è un perfetto sistema armonico nel quale ogni elemento è indissolubilmente legato per vie dirette o traverse a tutti gli altri, e ogni cosa che nell'universo accade è prestabilita e necessaria, e quindi se quel fulmine non fosse caduto in quel preciso istante, in quel preciso punto dove esso è caduto, questa armonia sarebbe stata distrutta. Questa armonia è perfetta e se il fulmine è caduto in quell'istante in quel punto è giusto che vi sia caduto e bisogna ringraziarne Dio, come bisogna ringraziare il Creatore di ogni cosa che avvenga nell'universo perché ogni cosa che avviene nell'universo è una prova dell'infallibilità di Dio, creatore di un sistema perfetto. Il fulmine doveva cadere lì, non un millesimo di millimetro più in là, don Camillo: chi ha sbagliato è l'uomo che ha co-

1 **intatto/a:** unversehrt, unangetastet.
6 **scoperchiato/a:** aufgedeckt, offen.
12 **indissolubilmente:** unauflösbar, untrennbar.
13 **traverso/a:** quer.
14 **accadere:** geschehen, sich ereignen.
prestabilito/a: vorherbestimmt.
22 **l'infallibilità:** Unfehlbarkeit.

struito un campanile proprio in quel punto. Poteva costruirlo due metri più in là.»

Don Camillo pensava al suo bel campanile scoperchiato e aveva il cuore pieno di amarezza.

«Se ogni cosa che avviene nell'universo» ribatté don Camillo «è una manifestazione della volontà di Dio perché tutto è prestabilito altrimenti il sistema non sarebbe perfetto, ciò significa che se il campanile è stato costruito lì, è lì che doveva essere costruito e non poteva essere così due metri più in là.»

«Poteva, sì, essere costruito due metri più in là» rispose sorridendo il Cristo. «Ma allora l'uomo avrebbe contravvenuto inconsciamente al regolamento divino. Ma Dio non lo ha permesso.»

«Gesù» protestò don Camillo «ma allora non c'è più libertà!»

Il Cristo continuò a sorridere e a parlare con dolcezza.

«Guai a chi, preso dall'ira o dal dolore a dalla esaltazione dei sensi, dimentica di sapere quello che sa. Dio indica agli uomini la strada giusta ma lascia a essi la libertà di sceglierla o di non sceglierla. E siccome la sua bontà è infinita, lascia all'uomo la possibilità di percorrere la strada sbagliata e di salvare la sua anima riconoscendo, col pentimento, di aver percorsa la

5 **ribattere:** erwidern, widersprechen.
13 **contravvenire a qc:** zuwiderhandeln, gegen etwas verstoßen.
inconsciamente: unbewusst.
19 **l'ira:** Wut, Zorn.
19f. **l'esaltazione** f.: Exaltiertheit, Überschwang.
23 **la bontà:** Güte.
25 **il pentimento:** Reue.

strada sbagliata. Durante un temporale un fulmine è caduto sulla cima di un campanile; il fulmine doveva cadere proprio lì e ha sbagliato l'uomo che ha costruito lì il campanile: però era destino che il campanile fosse costruito lì e l'uomo deve ringraziare Dio di averlo costruito lì.»

Don Camillo sospirò.

«Gesù, Vi ringrazio. Però, se col Vostro aiuto riuscirò a far ricostruire la guglia, la munirò di un parafulmine.»

«Sì, don Camillo: se è stabilito che tu metta un parafulmine sulla cima del tuo campanile, tu metterai un parafulmine sulla cima del tuo campanile.»

Don Camillo si inchinò, poi andò a rimirare tristemente, alla prima luce dell'alba, il suo povero campanile scoperchiato.

‹Effettivamente› disse fra sé alla fine ‹il campanile voleva costruito lì.›

*

La gente incominciò ben presto a venire in piazza a vedere il campanile folgorato e tutti stavano là sotto pioggia che veniva giù fitta e minuta, a guardare muti e sgomenti.

9 **munire qu/qc di qc:** jdn./etwas mit etwas ausrüsten, versehen.
9f. **il parafulmine:** Blitzableiter.
14 **inchinarsi:** sich verneigen, verbeugen.
rimirare qc: etwas lange betrachten.
20 **folgorato/a:** vom Blitz getroffen.
21 **fitto/a:** dicht.
minuto/a: klein, fein.
22 **sgomento/a:** bestürzt, erschüttert.

Quando la piazza fu piena, arrivò anche Peppone accompagnato dal suo stato maggiore. Si fece largo e, giunto in prima fila, rimirò a lungo il campanile smozzicato, poi disse levando solenne il dito verso il cielo:

«Ecco la prova della collera di Dio! Ecco la risposta di Dio alla vostra scomunica. I fulmini cadono dove Dio li manda, e Dio li manda dove li deve mandare.»

Don Camillo ascoltava affacciato a una finestra della canonica: Peppone lo vide e lo additò al popolo.

«Il reverendo tace!» urlò. «Tace perché il fulmine ha colpito la sua chiesa. Sentireste, adesso, se il fulmine fosse caduto invece sulla Casa del Popolo!»

Lo Smilzo guardò anche lui verso don Camillo:

«Questa è la risposta di Dio ai guerrafondai!» urlò. «Viva Mao Tse-tung!»

«Viva la pace e il piano della CGIL!» fecero coro quelli della banda.

3 **giụngere:** (an)kommen, gelangen.
in prima fila: in der ersten, vordersten Reihe.
3f. **smozzicato/a:** abgeschlagen, verstümmelt.
4 **solenne** (agg.): ernst, feierlich.
5 **la cọllera:** Wut, Zorn.
6 **la scomụnica:** Exkommunikation, Kirchenbann.
9 **affacciato/a (alla finestra):** (am Fenster) stehend.
10 **la canọnica:** Pfarrhaus.
additare qu: mit dem Finger auf jdn. zeigen, deuten.
11 **il reverendo:** Hochwürden.
15 **il guerrafondaio:** Kriegstreiber.
16 **Mao Tse-tung:** Mao Tse-tung (1893–1976), Gründer der Volksrepublik China, deren Führung er als Vorsitzender der Kommunistischen Partei Chinas bis zu seinem Tod inne hatte.
17 **CGIL** (abbr.): *Confederazione Generale Italiana del Lavoro* (Allgemeiner italienischer Gewerkschaftsbund).

Don Camillo, prima di dire quello che avrebbe voluto dire, contò fino a cinquantadue. Poi non disse niente: trasse di saccoccia un mezzo toscano e se lo ficcò in bocca e gli diede fuoco tranquillamente.

«Ecco!» urlò Peppone. «Ecco Nerone che suona la lira sulle rovine di Cartagine!»

E con questo prezioso riferimento storico Peppone e lo stato maggiore se ne andarono fieramente.

*

Verso sera don Camillo andò a deporre le sue amarezze ai piedi dell'altar maggiore.

«Gesù» disse alla fine «la cosa che mi fa impazzire di rabbia è che questa canaglia parla di collera divina! Io non ardisco neppure di pensare di poter turbare l'armonia dell'universo: ma se, dopo le bestemmie che hanno detto stamattina quei criminali, un fulmine cascasse sulla Casa del Popolo, sarebbe davvero una

3 **la saccoccia** (region.): (Hosen-)Tasche.
il toscano: italienische Zigarrenmarke.
4 **ficcare** (fam.): stecken.
5 **Nerone:** Nero, 54–68 n. Chr. Kaiser des römischen Reiches, welcher der Sage nach 64 n. Chr. die Stadt Rom angezündet und den Brand, vom Spiel seiner Lyra begleitet, in Versen besungen hat.
6 **la lira:** Leier, Lyra.
Cartagine: Kathargo; in der Antike Hauptstadt der gleichnamigen See- und Handelsmacht, durch die Römer im Dritten Punischen Krieg (149–146 v. Chr.) zerstört.
8 **fieramente:** stolz.
9 **deporre:** niederlegen, ablegen.
12 **la canaglia** (pegg.): Schurke, Schuft.
13 **ardire:** wagen.
turbare: hier: stören, durcheinander bringen.
16 **cascare:** (hin)fallen.

magnifica cosa! Con le loro sacrileghe parole essi hanno provocato la collera divina!»

«Don Camillo, ora sei tu l'agente provocatore» disse sorridendo il Cristo. «Come hai tu il coraggio di voler scomodare la maestà di Dio per buttare all'aria quattro tegole di una casipola? Rispetta il tuo Dio, don Camillo.»

Don Camillo se ne tornò in canonica e il viaggio dalla chiesa alla canonica era un viaggio breve: ma, di notte, anche in viaggi di venti passi si possono fare pessimi incontri.

Pioveva sempre e, a mezzanotte, la pioggia aumentò d'intensità. All'una si ripeté la solfa della notte precedente e ricominciarono i tuoni e i fulmini. Alle due si udì un fragore che svegliò mezzo il paese. Alle due e dieci tutto il paese era sveglio perché una casa della piazza bruciava: ed era la Casa del Popolo. Un fulmine si era abbattuto su di essa e l'aveva incendiata. Quando don Camillo arrivò, la piazza era piena di gente e già lo Smilzo e la squadra avevano domato le fiamme. Il tetto della Casa del Popolo era interamente scoperchiato, parte delle tra-

1 **sacrilego/a:** frevelhaft, gotteslästerlich, sakrilegisch.
5 **la maestà:** Majestät.
buttare all'aria: in die Luft werfen, jagen.
6 **la tẹgola:** Dachziegel.
la casịpola (pegg.): Bruchbude, Loch.
13 **la solfa:** Note, Tonleiter; hier: Leier.
14 **il tuono:** Donner.
18 **abbạttersi su qc:** über etwas hereinbrechen, niedergehen.
19 **incendiare:** anzünden, in Brand setzen.
21 **domare:** hier: ersticken, löschen.
22f. **la travatura:** Gebälk.

vature erano distrutte e il resto era ridotto a tizzoni fumanti.

Don Camillo fece in modo di capitare per caso vicino a Peppone.

«Bel lavoretto» osservò don Camillo con indifferenza. «Bisogna onestamente riconoscere che c'è ancora della coscienza tra i fulmini!»

Peppone si volse.

«Vuoi un mezzo toscano?» gli domandò don Camillo.

«Non fumo!» rispose cupo Peppone.

«Già, hai ragione: fuma già tanto la Casa del Popolo! A ogni modo mi dispiace; se non fumi, come faccio a dire: ‹Ecco Nerone che suona la lira sulle rovine di Cartagine?›. Guarda che non si trattava dell'incendio di Cartagine: era Roma che stava bruciando.»

«Ho piacere!» mugolò Peppone. «Crepi Roma con tutti i preti che ci sono dentro.»

Don Camillo scosse il capo e disse gravemente, ad alta voce:

«Non bisogna provocare la collera divina. Hai visto cosa avete ottenuto con le sacrileghe parole di stamattina?»

Peppone schizzava rabbia da tutti i pori.

1 **il tizzone:** brennendes Holzscheit, verkohltes Stück.
5 f. **l'indifferenza:** Gleichgültigkeit, Teilnahmslosigkeit.
8 **vọlgersi:** sich umdrehen, (zu)wenden.
11 **cupo/a** (fig.): finster.
17 **mugolare:** brummen, murmeln.
crepare (volg.): krepieren, verrecken.
24 **schizzare:** verspritzen.
il poro: Pore.

«Non ti arrabbiare» lo consigliò don Camillo. «Adesso arriva il piano della CGIL e ti rimette a posto tutto.»

Peppone si piantò davanti a don Camillo, a pugni stretti.

«Fra tre giorni il tetto sarà rifatto, signor reverendo! Non abbiamo bisogno di piani» gridò «qui comandiamo noi!»

«Bene, signor sindaco» rispose don Camillo a bassa voce. «Così fai un viaggio e due servizi. Quando fai stanziare in Consiglio la spesa per il tetto della Casa del Popolo, approfitti dell'occasione e fai stanziare anche la spesa per il tetto del campanile.»

«Neanche se crepate!» disse Peppone. «Fateveli dare dall'America, i quattrini! La Casa del Popolo è un edificio di utilità pubblica, la chiesa è un edificio di utilità privata!»

Don Camillo accese il suo mezzo toscano.

«Certo che è stato un gran fulmine» osservò. «Un fulmine molto più in gamba del mio. Ha fatto davvero un magnifico fracasso e ha combinato un bell'accidente di guaio. Sarebbe davvero un fulmine da studiare. Lo voglio dire al maresciallo appena arriva.»

4 **piantarsi:** sich hinpflanzen, aufpflanzen.
11 **stanziare:** bereitstellen, verfügbar machen.
il consiglio: hier: *il Consiglio Comunale:* Gemeinderat.
13 **la spesa:** hier: Ausgabe, Summe.
15 **i quattrini** (meist pl.): Geld.
16 **l'utilità:** Nutzen, Nützlichkeit.
20 **in gamba** (fig.): tüchtig, auf Draht.
21 **il fracasso:** Krach, Lärm.
21 f. **l'accidente** (m.) **di guaio:** verdammtes Unglück, verdammtes Pech.

«Interessatevi dei porci affari vostri!» disse Peppone.

«Appunto: a me interessa solo che tu mi faccia rimettere a posto il tetto del campanile.»

Peppone lo guardò cupo.

«Sta bene» disse a denti stretti. «Però un giorno me le pagherete tutte.»

Don Camillo si avviò verso la canonica perché oramai non c'era più niente di interessante né da vedere né da sentire né da dire. La sua idea era quella di entrare subito in canonica, ma sapeva che il Cristo l'aspettava.

«Don Camillo» disse severo il Cristo quando don Camillo fu davanti a lui nella chiesa semibuia. «Non mi ringrazi perché un fulmine è caduto, come tu volevi, sulla Casa del Popolo?»

«No» rispose don Camillo a testa bassa. «La caduta di un fulmine rientra nell'ordine naturale delle cose predisposte da Dio. Non si può pensare che Dio, per far piacere all'ultimo disgraziatissimo prete di campagna, scomodi i venti, le nubi, i tuoni e i fulmini per buttare all'aria quattro tegole di una casipola.»

«Sì» disse il Cristo «e soprattutto non si può pensare che Dio approfitti di un temporale per andare a buttare una bomba sul tetto di una Casa del Popolo.

1 **porco/a** (volg.): Scheiß..., Drecks...
8f. **or(a)mai:** nun, jetzt.
14 **semibuio/a:** halbdunkel.
18 **rientrare in qc** (fig.): unter etwas fallen, dazugehören.
19 **predisposto/a:** vorgesehen.
20 **disgraziatịssimo/a** (superl.): *disgraziato/a* (pegg.): unglücks..., schurkisch.

Una mascalzonata simile la può fare soltanto un disgraziatissimo prete di campagna.»

Don Camillo allargò le braccia.

«Sì, Gesù: però, anche in questo pur vergognoso fatto, si ravvisa la benevolenza di Dio perché se il disgraziatissimo prete di campagna, sobillato dal Demonio, non avesse gettato la bomba sul tetto della Casa del Popolo per far passare la stessa bomba come un fulmine di rappresaglia, la cassa di munizioni nascosta appunto nel solaio della Casa del Popolo non sarebbe scoppiata eliminando così un grave pericolo e dando modo a un povero prete di campagna di sfruttare la cosa per farsi ricostruire la guglia del campanile distrutta da un fulmine vero. Inoltre c'è da considerare il fatto che chi bestemmia il nome di Dio deve essere punito della sua tracotanza.»

«Don Camillo» disse il Cristo «sei tu dunque convinto di aver agito giustamente?»

«No» rispose don Camillo. «Dio dà agli uomini la possibilità di sapere quale sia la via giusta e di scegliere la via giusta: io ho scelto quella sbagliata: lo riconosco e me ne pentirò.»

1 **la mascalzonata** (fam.): Gemeinheit, Schurkerei.
4 **vergognoso/a:** schändlich.
5 **ravvisarsi:** wieder auf sich aufmerksam machen, sich wieder zeigen.
la benevolenza: Nachsicht, Gunst.
6 **sobillare:** aufstacheln, aufhetzen.
6f. **il Demonio:** Teufel.
9 **la rappresaglia:** Rache, Vergeltung.
la cassa di munizioni f. pl.: Munitionskiste.
10 **il solaio:** Dachboden.
14 **inoltre:** ferner, außerdem.
16 **la tracotanza:** Anmaßung, Arroganz.

«Non te ne penti sin da ora?»

«No, Signore» sussurrò don Camillo. «È ancora troppo presto. Domando una proroga.»

Il Cristo sospirò e don Camillo, andando a letto e pure avendo la coscienza orrendamente sporca, dormì profondamente e sognò che avevano fatto al suo campanile una guglia tutta d'oro.

Risvegliandosi ripensò al sogno e si compiacque: poi si avvide di aver dimenticato una cosa importantissima. Allora si riaddormentò in fretta e sognò che sulla guglia tutta d'oro mettevano un meraviglioso parafulmine.

2 **sussurrare:** flüstern, raunen.
3 **la proroga:** Aufschub.
5 **orrendamente:** schrecklich, fürchterlich, scheußlich.
8 **compiacersi:** sich freuen, zufrieden sein.
9 **avvedersi:** bemerken.
10 **riaddormentarsi:** wieder einschlafen.

La vecchia del Borghetto

La vecchia del Borghetto aveva settantacinque anni e, di tutta la famiglia, erano rimasti soltanto lei e Gio', figlio di suo figlio Marchetto.

Gio' aveva oramai quindici anni e lavorava come un uomo, ed era il più bravo ragazzo dell'universo; ma la vecchia del Borghetto, quando pensava a lui, sospirava e le veniva il magone. E, si può dire, pensava soltanto a lui.

Gio' aveva dieci anni quando successe il fatto.

Roba di appena finita la guerra: il padre di Gio' era nel campo e, seduto su un sasso, col ceppo fra le gam-

1 **il borghetto:** kleine Ortschaft (dim. zu *il borgo*).
5 **or(a)mai:** nun, jetzt.
8 **il magone:** großer Kummer, Gram.
12 **il ceppo:** Holz-, Hackklotz.

be, stava rifacendo la punta ai pali per le viti. Gio' andava a prendere i pali dal mucchio e glieli portava.

A un bel momento, Marchetto sbirciò verso la carraia e, senza alzar la testa e continuando a lavorare, disse a Gio':

«Gio', stai lì fermo dietro al mucchio dei pali e non ti muovere; e non dire niente, qualunque cosa succeda.»

Gio' si buttò a terra dietro i pali e stette zitto a guardare perché vedeva benissimo.

Arrivò un giovanotto che si fermò davanti all'uomo intento ad appuntire i pali.

«Sei tu Marco del Borghetto?» domandò il giovanotto.

«Perché?» disse Marchetto guardando in su.

«Lo sai anche tu il perché» ridacchiò il giovanotto che teneva la mano destra nella tasca della giacca.

Marchetto non fece in tempo a levarsi in piedi perché l'altro sparò così, con la pistola in tasca. Marchetto cadde riverso; e il giovanotto, allora, cavò la pistola di tasca e lo finì con un colpo in mezzo alla fronte.

1 **il palo:** Pfahl, Latte.
2 **il mucchio:** Haufen.
3 **sbirciare:** schielen, einen flüchtigen Blick werfen.
3f. **la carraia:** Weg, Straße.
9 **buttarsi a terra:** sich zu Boden werfen.
12 **intento a fare qc:** mit etwas beschäftigt sein.
appuntire: anspitzen.
16 **ridacchiare:** kichern.
18 **levarsi:** hier: aufstehen.
20 **riverso/a:** rücklings, auf den Rücken.
cavare qc: etwas herausholen.
21 **finire qu** (fam.): jdn. erledigen, kaltmachen.

Venne la sera; e intanto la vecchia del Borghetto aspettava che l'uomo e il ragazzo tornassero. Sul tardi andò a cercarli e trovò Marchetto secco stecchito e Gio' che stava a guardarlo, con gli occhi sbarrati, ancora nascosto dietro il mucchio dei pali.

A quei tempi, l'unica cosa che si poteva fare, quando si trovava lungo una strada o dentro un fosso un uomo ammazzato, era quella di caricare il morto su un biroccio e di portarlo al cimitero di sera, cercando di non dar nell'occhio.

Portarono Marchetto al cimitero; e don Camillo, la vecchia del Borghetto e Gio' furono gli unici che lo accompagnarono alla sua buca.

Per parecchio tempo il bambino non parlò perché il colpo era troppo grosso per un cuore piccolo come una noce; e la vecchia lo lasciò sempre tranquillo.

Poi passò del tempo e il bambino riprese a parlare. Un giorno la nonna sentì che cantava e ringraziò Dio.

A tredici anni Gio' era un ragazzo come tutti gli altri: anzi, meglio degli altri della sua età; e se tornava spesso a casa con la camicia gonfia di mele, gli piaceva anche lavorare; e, quando era ora, lavorava.

La vecchia non gli parlò mai di niente. E la volta

3 **secco/a:** trocken, ausgetrocknet; hier (fam.): tot.
stecchito/a: dürr, steif; hier (fam.): mausetot.
4 **con gli occhi sbarrati:** mit weit aufgerissenen Augen.
5 **nascondere:** verstecken.
7 **il fosso:** (Wasser-)Graben.
8 **ammazzare qu:** jdn. umbringen.
9 **il biroccio:** Karren.
10 **dare nell'occhio** (fig.): ins Auge fallen, auffallen.
13 **la buca:** Grube; hier: Grab.
16 **la noce:** Nuss.

che don Camillo le consigliò di cercar di sapere dal ragazzo se ricordasse o no la faccia dell'assassino, la vecchia alzò le braccia sgomenta.

«Reverendo, ho penato mesi e mesi nella paura che il fatto gli avesse guastato il cervello, a quel poveretto: adesso che ha dimenticato tutto sarebbe un delitto avvelenargli il sangue. Meglio che non ci pensi mai più. Lasciamo stare; c'è la giustizia di Dio che sistemerà tutto.»

A quattordici anni Gio' non correva più con la ciurmaglia su e giù per gli argini: lavorava come garzone da muratore e si piluccava, come uno scherzo, dieci ore al giorno di secchia in spalla. Il sabato metteva sulla tavola la settimana senza un centesimo di meno, la vecchia gli dava qualcosina per la domenica, e *amen.*

Gio' era un ragazzo tranquillo e gli piaceva la tranquillità; ragazzo anche di compagnia: però, quando vedeva che l'aria si scaldava e che c'era pericolo che andasse a finire a urlacci e a sberle, salutava e se ne andava.

2 **l'assassino:** Mörder.
3 **sgomento/a:** bestürzt, erschüttert.
4 **il reverendo:** Hochwürden.
penare: leiden.
5 **guastare:** beschädigen, zerstören.
10f. **la ciurmaglia** (pegg.): Pack, Gesindel.
11 **l'ąrgine** m.: Damm, Deich.
il garzone m.: (Lauf)bursche, Gehilfe.
12 **piluccarsi:** an etwas herumknabbern; hier: abarbeiten.
13 **la secchia:** Eimer, Kübel.
14 **la settimana:** Woche; hier: Wochenlohn.
15 **qualcosina:** Kleinigkeit (dim. zu *qualcosa*).
19 **le urlacce** (pl., pegg.): Geschrei, Geheule.
la sberla: Ohrfeige.

La vecchia del Borghetto lo sapeva benissimo, tutto questo; e, il giorno in cui Gio' tornò a casa con la faccia massacrata perché aveva litigato con qualcuno, ci rimase male.

E aveva anche torto marcio, Gio', perché il fatto era successo in piazza e c'era un sacco di gente che aveva visto. Gio' era in bicicletta e, in bicicletta davanti a lui, pedalava un certo Spinetta. Gio' lo aveva sorpassato e poi gli aveva tagliato la strada per svoltare verso la strada del Borghetto.

A finire per terra era stato lo Spinetta; e Gio' voleva avere ragione lui. Lo Spinetta era uno della squadra di punta di Peppone: un tipo spiccio, di un trentacinque anni, con due buone spalle. E Gio', che pretendeva di darle, ne aveva prese tante da rimanere con la confusione in testa per una settimana.

La vecchia gli fece una predica che non finiva più e Gio' la lasciò parlare; poi, alla fine, disse:

«La deve pagare e la pagherà.»

Lo disse in un modo che alla vecchia vennero i brividi di freddo. Guardò in silenzio il ragazzo, poi domandò:

«È lui?»

3 **massacrato/a:** verprügelt, übel zugerichtet.
3f. **rimanerci male:** enttäuscht, unzufrieden sein.
5 **avere torto marcio** (fam.): völlig im Unrecht sein.
6 **il sacco:** hier (fig.): Haufen, Menge.
8 **pedalare:** in die Pedale treten, Fahrrad fahren.
9f. **svoltare:** abbiegen.
12f. **la squadra di punta:** Spitzenmannschaft.
13 **spiccio/a:** kurz angebunden.
17 **la predica** (fam.): Strafpredigt, Standpauke.
20f. **il brivido:** Schauer, Schauder.

Gio' fece di sì con la testa.

Non se ne parlò più; ma da allora la vecchia del Borghetto incominciò a vivere le giornate più brutte della sua vita. Non riusciva a dormire più; e così passò del tempo; e la notte che sentì un certo rumore giù in cucina fu giù in un minuto.

La porta era appena accostata: corse fuori e raggiunse Gio' che era già nella strada. Gio' aveva il tabarro nero di suo padre e, sotto il tabarro, la doppietta carica.

Pioveva e faceva freddo perché era già inverno avanzato. La vecchia del Borghetto aveva settantacinque anni e stava lì scalza e in camicia in mezzo alla strada.

«Vieni a casa» disse la vecchia.

Continuò tre giorni a piangere.

«Non lo devi fare, Gio'. Non ti devi rovinare. Non ti devi sporcare la coscienza con un delitto. Non farmi morire arrabbiata come un cane.»

Una sera lo portò in chiesa.

«Giura qui davanti a Dio che non lo farai» gli disse.

Gio' esitò un poco; poi alzò la mano destra:

«Giuro che non lo farò» disse.

La vecchia del Borghetto conosceva Gio' meglio di se stessa. Era sicura che Gio' non le avrebbe dato questo dolore.

Passò l'inverno e venne la primavera e poi l'estate. Ed ecco ancora l'autunno.

7 **accostato/a:** angelehnt.
8 **il tabarro:** schwerer Mantel.
9 **la doppietta:** Doppelbüchse.
11 **avanzato/a:** fortgeschritten, vorgerückt.
12 **scalzo/a:** barfuß.

La vecchia cominciò a sentire qualcosa che non andava.

‹Se mi metto a letto, non mi alzo più› disse fra sé. Bisognava far presto, sistemare ogni cosa perché Gio' sarebbe rimasto solo, senza uno che gli volesse bene. Questo pensiero le diede forza e incominciò a mettere in ordine la casa. Lavò, stirò, rammendò, buttò via le cianfrusaglie. Ci impiegò quindici giorni: poi, quando vide che tutto era in ordine, come ultima cosa si alzò un paio d'ore prima del solito e fece il pane. Gio' la aiutò a gramolare il pastone, poi scappò a lavorare.

La vecchia mise sul fondo del carrettino una tela bianca e vi ordinò le michette crude; poi le coperse con un'altra tela bianca e poi con un panno perché piovigginava.

Si mise lo scialle nero sulle spalle; si mise in testa il fazzoletto nero e lo annodò sotto il mento.

Poi si pose alle stanghe del carrettino e portò il pane al forno.

Nel ritorno infilò la testa dentro la finestrella del calzolaio.

7 **rammendare qc:** etwas ausbessern, flicken.
8 **la cianfrusaglia:** Krempel, Krimskrams.
10 **il sọlito:** das Gewöhnliche, Übliche.
11 **gramolare:** kneten (*la gramola:* Knethilfe aus Holz).
12 **il carrettino:** kleiner Handkarren (dim. zu *il caretto*).
13 **ordinare:** (an)ordnen, aufstellen.
la michetta (region.): kleines rundes Brötchen.
15 **piovigginare:** nieseln.
17 **annodare:** umbinden, verknoten.
18 **la stanga:** hier: Deichsel.
20 **infilare:** hineinstecken.
la finestrella: Fensterchen (dim. zu *la finestra*).

«Avete tempo di dare due punti a queste scarpe del mio ragazzo?»

«Vediamo» disse il calzolaio continuando a lavorare seduto al suo deschetto.

La vecchia del Borghetto gli porse le scarpe; e, mentre il calzolaio stava palpando il guardolo per vedere in che stato si trovasse, la vecchia del Borghetto cavò di sotto il panno del carretto la doppietta e lo fulminò.

Poi riprese il suo carretto e tornò a casa.

Due ore dopo arrivarono i carabinieri e la trovarono a letto.

«Ci hanno detto che vi hanno vista ferma davanti alla bottega del calzolaio Spinetta, stamattina: avete notato qualcuno dentro la bottega o nei paraggi della casa?»

«No» rispose la vecchia «c'ero soltanto io e l'ho ucciso io con quello schioppo lì.»

Il maresciallo sbarrò gli occhi.

«Voi? E perché?»

«È stato lui ad ammazzare il mio Marchetto il 29 aprile del '45. Il ragazzo lo sapeva. Lo ha visto. Fin che fossi stata viva io, non avrebbe fatto niente.

1 **il punto:** hier: Stich.
4 **il deschetto:** Werkbank, Arbeitstisch.
6 **palpare:** befühlen, betasten.
il guardolo: Zwischensohle (zwischen Lauf- und Innensohle).
8 **cavare:** herausholen.
9 **fulminare qu:** mit dem Blitz treffen; hier (fam.): jdn. niederschießen.
13 **fermo/a:** hier: stehen geblieben.
15 **il paraggio** (meist pl.): Umgebung, Nähe.
18 **lo schioppo:** Finte, Büchse.

Morta io, lo avrebbe ammazzato. Non volevo che si rovinasse, che si macchiasse la coscienza. Così tutto è a posto e posso morire tranquilla.»

Disse questo anche a don Camillo, quando poco dopo arrivò; e don Camillo scosse la testa:

«Capisco: ma come potete morire tranquilla dopo aver ammazzato un uomo?»

«Perché all'Inferno ci andrò io e non ci andrà invece Gio'.»

«Vi pentite di quello che avete fatto?» domandò don Camillo.

Ma i morti non rispondono.

3 **a posto:** in Ordnung.
5 **scuọtere la testa:** den Kopf schütteln.

La bustarella

Non toccate mai i soldi al contadino. Quando gli rendete un servizio, e il contadino vi domanda ansioso quanto vi deve, non chiedetegli mille lire. Rispondetegli che non volete soldi ma roba e che faccia pure lui. Allora vi darà roba per cinquemila lire e vi ringrazierà commosso.

Non toccate mai i soldi al contadino: lasciateglieli seppellire dentro le sue damigiane. Lasciate che pianga eternamente miseria. In fondo, quei soldi seppelliti è come se non li avesse. È come se lo Stato non avesse stampato quella carta.

*

1 **la bustarella:** Schmiergeld, Schwarzgeld.
3 **ansioso/a:** ängstlich, besorgt.
9 **la damigiana:** Korbflasche.
10 **la miseria:** Armut, Elend, Not.

Don Camillo trovò sul gradino dell'altare un pacchetto legato con lo spago e c'era scritto col lapis copiativo l'indirizzo: «*A Gesù Cristo*». Dentro il pacchetto c'erano cento biglietti da mille e una lettera: «*Gesù, mio babbo è indiavolato. Vi mando questi soldi per la grazia di farlo guarire*».

Trascorse una settimana ed ecco che, una mattina, don Camillo trovò sul gradino dell'altare un altro pacchetto contenente, come il primo, cento biglietti da mille e il solito bigliettino che invocava la grazia per il «*padre indiavolato*».

Il fatto straordinario si ripeté la settimana successiva. E, per due volte ancora, a distanza di sette giorni l'una dall'altra, don Camillo trovò sul gradino dell'altare il pacchetto indirizzato a Gesù Cristo, con la lettera e le cento carte da mille.

«Gesù» disse alla fine don Camillo «questa cosa incomincia a turbarmi. Siamo già a cinquecento biglietti da mille e non dormo più da un sacco di tempo. Io non so cosa potrà succedere dentro la mia povera testa se la settimana ventura troverò ancora il pacchetto con la lettera e i quattrini.»

*

1 **il gradino:** Stufe.
2 **lo spago:** Kordel, Schnur.
2f. **il lapis copiativo/a:** Bleistift, dessen Schrift durch Radieren nicht entfernt werden kann.
5 **indiavolato/a:** vom Teufel besessen.
10 **sọlito/a:** üblich, gleich (*il sọlito:* das Gewöhnliche, Übliche).
invocare: anrufen, erbitten.
18 **turbare:** beunruhigen, verwirren.
21 **venturo/a:** nächste(r), kommende(r).
22 **i quattrini** (meist pl.): Geld, (fam.) Moneten.

Incominciava a farsi buio quando il ragazzetto prese la strada dei campi. Dopo aver camminato per un po' lungo la siepe, saltò il fossetto e arrivò sotto il grande olmo. I campi erano deserti e la nebbiolina di gennaio li rendeva ancora più squallidi e silenziosi.

Il ragazzetto, un arnese di dieci o undici anni, infagottato in una vecchia giacca da uomo e con una berretta di lana in testa, si sedette ai piedi del grande olmo. Cavò qualche pietra e incominciò a smuovere con uno stecco la terra e a tirarla su. A un certo momento, sentì qualcosa di duro: allora buttò via lo stecco e prese a lavorare con le mani. Scoperse un barattolo da conserva capovolto. Lo estrasse con cautela: il barattolo faceva da cappuccio a una specie di corto tubo di vetro verde coperto da un pezzo di tela impermeabile. Sotto la tela era un grosso tappo unto e bisunto per via di non fare entrare l'umidità. Tolto il

3 **la siepe:** Hecke.
il fossetto: kleiner Graben (dim. zu *il fosso:* [Wasser-]Graben).
4 **l'olmo:** Ulme.
la nebbiolina: leichter Nebel.
5 **squallido/a:** trostlos, gottverlassen.
6 **l'arnese** m.: Werkzeug; hier (fam.): Kerl.
6f. **infagottato/a:** eingewickelt, eingemummt.
7f. **la berretta:** Mütze, Kappe.
9 **cavare qc:** etwas herausholen.
smuovere: wegräumen, -schieben.
10 **lo stecco:** Stöckchen.
13 **capovolto/a:** auf dem Kopf stehend, umgedreht.
la cautela: Vorsicht, Umsicht.
14 **il cappuccio:** Kappe, Haube.
15f. **impermeabile** (agg.): wasserundurchlässig.
16 **unto/a:** fettig, ölig.
17 **bisunto/a:** speckig, fettig.

tappo, il ragazzino infilò nel grosso tubo affiorante dalla terra un fil di ferro a uncino e prese a muoverlo. Quando sentì che il rampino aveva pescato qualcosa, tirò su e cavò fuori dalla damigiana sotterrata un rotoletto coperto di carta oleata e legato con una fettuccia.

«Ah, porco maledetto!» gridò qualcuno in quell'istante. Il ragazzino balzò in piedi e fece per fuggire, ma fu subito bloccato dalle punte di un tridente.

Il vecchio Sisto era lì che lo guardava coi suoi piccoli occhi.

«Se fai lo stupido ti infilzo» disse il vecchio Sisto a denti stretti.

Il ragazzino sentì le punte del forcale premergli sul petto: alle spalle aveva il grosso tronco dell'olmo.

«Non ho fatto niente» balbettò.

«Dove hai messo gli altri cinque?» domandò il vecchio Sisto.

1 **infilare:** hineinstecken.
affiorante (agg.): herausragend, zutagetretend.
2 **l'uncino:** Haken.
3 **il rampino:** Haken.
4 **sotterrato/a:** vergraben, eingegraben.
4f. **il rotoletto:** Röllchen (dim. zu *il rotolo:* Rolle).
5 **oleato/a:** geölt.
5f. **la fettuccia:** Band.
7 **il porco** (pegg.): Schwein, Dreckskerl.
maledetto/a (fam.): verflucht, verflixt.
8 **balzare:** (hoch)springen, hüpfen.
9 **il tridente:** Dreizack.
12 **infilzare qc/qu:** etwas/jdn. durchstechen, -bohren.
13 **stretto/a:** schmal, eng; hier: zusammengepresst.
14 **il forcale** (accr.): *la forca:* (Mist-)Gabel.
16 **balbettare:** stammeln, stottern.

«Non sono stato io» rispose il ragazzino. «Io ho preso soltanto quello lì per terra … Ho trovato aperto il buco della damigiana e ho guardato cosa c'era dentro.»

Il vecchio Sisto spinse il forcale contro il petto del ragazzino:

«Porco maledetto» ansimò. «Son tre giorni che ti faccio la posta nascosto dietro quei pali. Ti ho visto arrivare e tirar su la terra. Gli altri cinque rotoli che mancano li hai presi tu!»

«Non ho preso niente … Non so neanche che roba sia» sussurrò il ragazzo.

«Lo so io!» gridò il vecchio Sisto. «Se tre giorni fa non mi veniva l'ispirazione di cavar fuori la damigiana e di contare i rotoli, mi avresti rubato tutto! Dove hai messo gli altri cinque? Parla o ti infilzo!»

«Non so niente! Non sono stato io!» insisté il ragazzino.

Il vecchio Sisto era imbestialito: strinse le mascelle e spinse con ferocia il forcale contro il magro petto del ragazzino:

«Ti inchiodo!» ansimò.

In quel momento si udì, lì vicino, la schioppettata di un cacciatore e il vecchio Sisto ebbe un sussulto e

7 **ansimare:** keuchen.
8 **fare la posta a qc** (fig.): jdm. auflauern.
12 **sussurrare:** flüstern, raunen.
19 **imbestialire:** fuchsteufelswild werden, rasend sein.
20 **la ferocia:** Grausamkeit.
22 **inchiodare qu/qc:** jdn./etwas festnageln.
23 **la schioppettata:** Flinten-, Büchsenschuss.
24 **il cacciatore / la cacciatrice:** Jäger(in).
il sussulto: Zusammenzucken.

volse il capo. Il ragazzino sgusciò via, ma una punta del forcale gli si ficcò nel braccio sinistro e gli stracciò la carne.

«Ci vediamo dopo!» gli gridò dietro il vecchio.

*

Il braccio gli faceva molto male, ma il ragazzino non si fece accorgere di niente, quando rientrò in casa Si fasciò alla bell'e meglio col fazzoletto e, siccome era già ora di cena, si mise a tavola. La madre gli versò subito una scodella di minestra:

«Cino, mangia subito» gli disse togliendogli la berretta. «Devi aver preso del freddo. Sei smorto.»

Il ragazzino incominciò a mangiare in silenzio e, dopo un po', arrivò il padre.

Il padre di Cino Delpiò aveva poco più di trent'anni ed era un pezzo d'uomo con due braccia che parevano travi di rovere. Ma la sua faccia era stanca: una faccia da vecchio con rughe profonde.

Buttò il cappello in un angolo e si sedette a tavola.

«Ho già detto che si incomincia a mangiare quando

1 **vọlgere:** (um)drehen, -wenden.
il capo: Haupt, Kopf.
sgusciare: entwischen, entschlüpfen.
2 **ficcare** (fam.): stecken.
stracciare: zerreißen, zerfetzen.
7 **fasciarsi qc:** sich etwas verbinden.
9 **la scodella:** Suppenteller.
11 **smorto/a:** blass, bleich.
16 **il trave:** Balken.
il rọvere: Eichenholz.
17 **la ruga:** Falte, Runzel.

vengo a casa io!» disse l'uomo. «Sono stufo di dover ripetere sempre le stesse cose!»

«Ha preso un colpo di freddo e stava poco bene» spiegò umilmente la moglie.

«Nessuno lo obbliga a star fuori tutto il giorno a fare il lazzarone per la strada!» replicò duramente l'uomo.

Puzzava di vino e alla donna vennero le lagrime agli occhi: glielo avevano indiavolato quel poveretto. Lei lo conosceva bene, ed era sicura che glielo avevano indiavolato.

Si sentì cigolare la porta e apparve il vecchio Sisto. Aveva la doppietta sottobraccio e la faccia più cupa del solito.

«Tirate fuori i miei soldi!» disse il vecchio Sisto.

L'uomo e la donna lo guardarono sbalorditi.

«Soldi? Che soldi?» balbettò il padre del ragazzo.

«Ho pescato tuo figlio mentre rubava i miei soldi. Cinque rotoli da cento biglietti da mille l'uno, mi ha preso. O li cacciate fuori o sono guai.»

Il padre del ragazzo non riusciva a capire cosa stesse succedendo.

1 **stufo/a:** genervt, gelangweilt.
4 **umilmente:** hier: sanftmütig.
6 **il lazzarone** (fam.): Schurke, Schuft.
replicare: erwidern, entgegnen.
7 **la lagrima** (region.): *la lacrima.*
11 **cigolare:** quietschen.
12 **la doppietta:** Doppelbüchse.
cupo/a: düster; hier (fig.): finster.
15 **sbalordito/a:** erstaunt, verblüfft.
17 **pescare qu:** hier: jdn. erwischen, ertappen.
19 **cacciare fuori:** herausrücken.
il guaio (oft pl.): Schaden, Unheil, Pech.

«Sisto» protestò «siete diventato matto?»

«Non sono matto per niente» gridò il vecchio. «E non voglio neanche diventarlo. Qui o mi ridate i miei cinquecento biglietti da mille o io vado dal maresciallo e vi denuncio. I responsabili del ragazzo siete voi due. E poi dovete essere stati voi a istigarlo a rubare. In galera vi mando!»

Il ragazzo sollevò la testa:

«Loro non c'entrano» disse. «I soldi li ho presi io.»

La donna diventò pallida e il marito balzò in piedi.

«Tu hai preso i soldi?» urlò afferrando il ragazzino per i capelli.

«Sì» rispose calmo il ragazzino. «Li ho trovati dentro la damigiana sotto l'olmo. Io non sapevo che erano suoi.»

Il vecchio Sisto intervenne:

«Dove li hai messi i miei soldi?» urlò.

«Non mi ricordo» spiegò il ragazzino. «Non credevo che fossero soldi ... Li ho trovati sotto l'olmo ...»

Il padre, sempre tenendolo stretto per i capelli, lo strappò dalla sedia:

«Parla, vigliacco! Di' dove li hai messi o ti ammazzo! Capisci che se non parli mi rovini? Dove hai messo quei quattrini?».

«Non mi ricordo!» rispose il ragazzino.

6 **istigare:** anstiften.
7 **la galera** (fam.): Zuchthaus, Knast.
8 **sollevare:** (an)heben.
11 **afferrare:** packen, ergreifen.
16 **intervenire:** eingreifen, sich einmischen.
22 **il vigliacco / la vigliacca:** Feigling, Schuft.
22 f. **ammazzare qu:** jdn. umbringen.

Le mani di Carlo Delpiò erano massicce e pesanti e il ragazzino era gracile e delicato. La donna si gettò urlando sul bambino per risparmiargli quelle percosse orrende e, per un istante, la furia dell'uomo si trasferì sulla moglie.

«Togliti di mezzo, tu!» urlò Carlo Delpiò agguantando la donna e mandandola a sfasciarsi in un angolo della cucina.

Il ragazzino aveva la faccia piena di sangue: quando le mani del padre lo riagganciarono pensò che forse, tra poco, sarebbe morto, ma sempre continuava a ripetere:

«Non lo so … Non lo so … Non mi ricordo.»

A un bel momento l'uomo si sentì fra le mani qualcosa che pareva uno straccetto ed ebbe un po' paura. Abbandonò il ragazzino che si afflosciò per terra, e si volse al vecchio Sisto:

«Non posso cavargli il collo» disse.

1 **massiccio/a:** massiv, wuchtig, kräftig.
2 **gracile** (agg.): grazil, schwach, zart.
gettarsi: sich werfen, sich stürzen.
3 **la percossa:** Schlag, Hieb.
4 **orrendo/a:** schrecklich, fürchterlich.
la furia: Wut, Raserei.
6f. **agguantare:** ergreifen, packen.
7 **sfasciarsi:** hier: zusammenbrechen, hinknallen.
10 **riagganciare:** hier: wieder ergreifen.
15 **lo straccetto:** kleiner Lappen (dim. zu *lo straccio:* [Putz-]Lappen, Lumpen).
16 **abbandonare:** hier: aufgeben, fallen lassen.
afflosciarsi: erschlaffen.
17 **vọlgersi a qu:** sich an jdn. wenden.
18 **cavare il collo a qu:** jdn. den Hals brechen.

«La commedia è ben recitata» rispose gelido il vecchio Sisto. «Io rivoglio i miei soldi e li riavrò.»

Cino era minuto d'ossa ma era un Delpiò e aveva una scorza dura. Si riebbe quando ancora suo padre stava urlando col vecchio Sisto e infilò la porta perdendosi nella notte.

*

Quella sera don Camillo non riusciva a rileggersi tranquillo i vecchi fascicoli della *Domenica del Corriere*. E questo a causa di Ful.

Ful era, infatti, agitatissimo e brontolava e, siccome continuava a rimirare sospettoso la porta, andò a finire che don Camillo, staccata la doppietta, aprì la porta per vedere che accidente ci fosse nascosto dietro.

L'andito era deserto, ma Ful adesso aveva rivolto la sua attenzione all'uscio che dava sull'orto. E don Camillo aprì anche questo.

1 **gelido/a:** eisig, frostig.
3 **minuto/a:** klein.
4 **la scorza:** Schale, Haut.
7 **rileggersi qc:** etwas noch einmal (durch)lesen.
8 **il fascicolo:** Heft, Beilage einer Zeitung.
8f. **la «Domenica del Corriere»:** ursprünglich Sonntagsbeilage der italienischen Zeitung *Corriere della Sera*, später weitverbreitete eigene Wochenzeitung (1989 eingestellt).
9 **Ful:** Kurzform und Rufname von *Fulmine* (Blitz), Don Camillos Hund.
10 **agitatissimo/a** (superl.): *agitato/a:* aufgeregt, unruhig.
brontolare: grollen, knurren.
11 **rimirare qc:** etwas lange betrachten.
12 **staccare:** abnehmen, abhängen.
13 **che accidente:** was in aller Welt, was zum Teufel.
14 **l'andito:** Flur, Korridor.
15 **l'uscio:** Tür, Tor.

Una volta nell'orto, Ful si diresse verso la legnaia e, tra le fascine, don Camillo vide muoversi qualcosa.

Don Camillo accese la luce del portico. Ful andò a ficcare il muso tra le fascine e, convintosi facilmente che non si trattava né di cosa che lo potesse interessare come cane da caccia, né che lo potesse preoccupare come cane da guardia, ritornò tranquillo ai piedi di don Camillo.

«Vieni fuori!» tuonò don Camillo. Quando però si vide davanti il piccolo Delpiò con la faccia rovinata dalle sberle, si pentì di aver urlato.

In quel momento qualcuno sbatacchiò il picchiaportone e don Camillo si avviò per rientrare nell'andito dopo aver detto al ragazzino: «Aspettami qui e non muoverti o il cane ti sbrana.»

Era Barchini, l'informatore numero uno che veniva a portare le novità della sera:

«Cose grosse, reverendo!» disse il Barchini. «Al vecchio Sisto hanno rubato mezzo milione e pare sia stato il ragazzino di Delpiò, d'accordo con i suoi. A ogni modo i carabinieri sono già in movimento.»

1 **la legnaia:** Holzschuppen.
2 **la fạscina:** (Holz-)Bündel.
3 **il pọrtico:** Laube, Schuppen.
6 **il cane da caccia:** Jagdhund.
7 **il cane da guardia:** Wachhund.
9 **tuonare:** tönen, donnern.
11 **la sberla:** Ohrfeige.
12 **sbatacchiare:** auf und ab schlagen.
12f. **il picchiaportone:** Türklopfer.
15 **sbranare:** zerfleischen, zerreißen.
17 **la novità:** Neuigkeit.

Allontanatosi il Barchini, don Camillo andò a ripescare nel portichetto il piccolo Delpiò e lo portò in saletta.

«Chi è stato quel mascalzone che ti ha rovinato così la faccia?» domandò don Camillo mentre con un asciugamano bagnato ripuliva il viso al ragazzino.

«Nessuno» rispose il ragazzino. «Sono caduto.»

Don Camillo lo agguantò per un braccio e il ragazzino si lasciò sfuggire un gemito.

Don Camillo allora gli cavò il giacchettone e la maglia e, vista la carne strappata dal forcale, si arrabbiò ancora di più.

«E questo chi te lo ha fatto?» domandò.

«Nessuno» rispose il ragazzino. «Nel cascare … c'era un chiodo in un asse …»

Don Camillo disinfettò la ferita e la fasciò.

«Com'è questa storia dei soldi rubati al vecchio Sisto?» domandò don Camillo.

«Non lo so» rispose il ragazzo.

«Intanto i carabinieri metteranno in galera tuo padre e tua madre» insisté don Camillo.

«No» rispose il ragazzino. «Loro non c'entrano: i soldi li ho trovati io dentro una damigiana.»

«E dove li hai messi?»

1 f. **ripescare:** wieder aufstöbern, auflesen.
3 **la saletta:** kleiner Saal (dim. zu *la sala*).
4 **il mascalzone** (fam.): Schurke, Schuft, Halunke.
6 **ripulire:** wieder säubern, waschen.
9 **il gẹmito:** Stöhnen, Wimmern.
10 **cavare:** (Kleider) ausziehen, abnehmen.
il giacchettone (accr.): *il giacchetto:* Jackett.
15 **l'asse** f.: Brett.
16 **fasciare:** verbinden.

«Non lo so, non sapevo che erano soldi: credevo che era roba per giocare.»

«Hai giocato con quei fogli di carta, allora!»

«Sì.»

«Alla cerbottana, magari. Hai fatto le frecce per la cerbottana e, così, li hai buttati chi sa dove.»

«Sì.»

«Magari tiravi con la cerbottana a un bersaglio che era nel fiume.»

«Sì» approvò il ragazzo. «L'acqua ha portato via tutto. Adesso mi ricordo.»

«Hai fame, hai sete?» domandò don Camillo.

«No.»

«Hai sonno?»

Il ragazzino fece segno di no con la testa e aveva già gli occhi chiusi e già dormiva, abbandonato sul canapè. Don Camillo lo coprì col suo tabarro, poi ordinò a Ful:

«Resta lì e, se si sveglia, digli che torno subito.»

Ful lo guardò come volesse significare che, alla fine, tutti gli uomini sono un po' sbilenchi nel cervello.

*

5 **la cerbottana:** Blasrohr.
magari: vielleicht.
8 **il bersaglio:** Ziel, Zielscheibe.
16f. **il canapè:** Liege, Kanapee.
17 **il tabarro:** schwerer Mantel.
21 **sbilenco/a:** krumm, schief; hier (fig.): sonderbar, absonderlich.

Carlo Delpiò era solo, in cucina. Solo e tetro. La moglie singhiozzava nel suo letto al primo piano.

«Chi ha pestato così il tuo ragazzo?» domandò don Camillo entrando.

«Io!» gridò l'uomo balzando in piedi inferocito. «Perché?»

«Così» spiegò don Camillo. «È stato un bel lavoro.»

«Mi ha rovinato!» gridò l'uomo. «Ha rubato cinquecento biglietti da mille a Sisto e non vuol dire dove li ha messi.»

Don Camillo trasse di tasca alcuni foglietti e glieli mise davanti.

«Sono arrivati cinque pacchetti di cento biglietti da mille l'uno, indirizzati a Gesù Cristo e con dentro questo biglietto» spiegò.

L'uomo lesse i biglietti e rimase a bocca aperta.

«Come vedi, in fondo la colpa è tua se è successo quel che è successo.»

L'uomo balzò in piedi:

«Allora tutto va a posto! Basta spiegare ...»

«Basta che tu stia zitto» replicò don Camillo. «Parlerò io.»

Arrivò il maresciallo dei carabinieri con due militi e il vecchio Sisto.

1 **tetro/a:** trübsinnig, bedrückt.
2 **singhiozzare:** schluchzen.
3 **pestare qu:** jdn. verprügeln.
5 **inferocito/a:** wild, aufgebracht.
17 **rimanere a bocca aperta:** mit offenem Mund dastehen, sprachlos sein.
24 **il milite:** Soldat.

«Li ha rubati il ragazzino d'accordo con loro» disse cupo il vecchio Sisto. «Li devono aver nascosti da qualche parte. Bisogna trovarli!»

«Dov'è il ragazzo?» domandò il maresciallo.

«È a casa mia» spiegò don Camillo. «È rimasto un po' impressionato. Mi ha raccontato come sono andate le cose: credeva che fosse carta qualunque e li ha adoperati a giocare con la cerbottana. I suoi non ne sanno niente di niente.»

«È facile dirlo, ma è difficile dimostrarlo» replicò molto scettico il maresciallo.

«Credo di no» replicò don Camillo. «Cosa doveva farsene, questa gente, di carta straccia senza nessun valore?»

Il maresciallo guardò stupito don Camillo.

«Maresciallo» gli disse don Camillo. «Interroghi quel vecchio imbecille. Si faccia dire quanti erano i biglietti da mille dentro la damigiana, per esempio ...»

Il vecchio Sisto protestò:

«Io, i miei affari non li racconto a nessuno!»

«Quanti erano i quattrini dentro la damigiana?» domandò il maresciallo. «Devo saperlo.»

Il vecchio Sisto borbottò:

«Venti ...»

«Venti cosa?»

6 **impressionato/a:** beeindruckt, erschüttert.
11 **scettico/a:** skeptisch, zweiflerisch.
13 **la carta straccia:** Altpapier.
14 **il valore:** Wert.
15 **stupito/a:** verwundert, erstaunt.
24 **borbottare:** murmeln, brummen.

«Venti rotoli come questo» spiegò traendo di tasca il rotolo che il ragazzino aveva cavato dalla damigiana poche ore prima.

Il maresciallo tolse la carta oleata e contò i biglietti da mille.

«Cento?»

«Sì, venti rotoli da cento.»

«Due milioni» continuò il maresciallo. «Di cui vi restano ancora un milione e mezzo!»

«Sì. Ma rivoglio anche gli altri, sono miei!»

«Giusto» rispose il maresciallo. «Ma due milioni o uno e mezzo è lo stesso. Perché, con quei soldi lì, ci fate la birra!»

«La birra?» balbettò il vecchio. «Che birra?»

«Queste sono *Amlire* e le *Amlire* sono da tempo fuori corso e non valgono più niente.»

Il vecchio Sisto protestò: lui non lo sapeva. Nessuno glielo aveva mai detto. Lui non leggeva le stupidate dei giornali e conduceva una vita da orso.

«Fate conto di avere ancora due milioni buoni» lo consolò don Camillo. «Per quello che vi serviva quel danaro! E poi, se fosse frutto del vostro lavoro dispiacerebbe: ma giacché ve lo siete fatto con la borsa nera che importanza ha?»

12f. **farci la birra con qc** (loc.): mit etwas nichts anfangen können.
15 **Amlire:** italienische Übergangswährung während der Besatzungszeit nach dem Zweiten Weltkrieg, die 1950 ihre Gültigkeit verloren hat.
16 **fuori corso:** ungültig, nicht mehr in Umlauf.
18f. **la stupidata** (fam.): Dummheit, Blödsinn.
20 **fare conto:** bedenken, berücksichtigen.
23 **giacché:** da, weil.
la borsa nera: Schwarzhandel, -markt.

Il vecchio Sisto era disperato, ma il maresciallo lo consolò:

«Avete reso un ottimo servizio al Governo eliminando quella carta. Siete un benemerito della lotta contro l'inflazione.»

*

Rimasto solo col Delpiò, don Camillo accese il suo mezzo toscano:

«È inteso che tuo figlio ha adoperato i biglietti per giocare con la cerbottana. Nessuno deve saper niente.»

«Sì» disse l'uomo. Poi volle vedere ancora i bigliettini e andava ripetendo:

«Perché dice che sono indiavolato?»

«Non ti preoccupare troppo» lo consolò don Camillo. «Gesù forse ti illuminerà la mente e te lo spiegherà. Gesù è d'accordo con tuo figlio: ha avuto la bustarella. *Amlire* fuori corso, ma Gesù le prenderà per buone. Non se ne intende.»

Don Camillo tornò e il ragazzino non era più sul canapè.

Era in chiesa, inginocchiato davanti al Cristo, e don Camillo si appostò dietro un confessionale e sentì che il ragazzino diceva:

3f. **eliminare:** eliminieren, beseitigen.
4 **il benemerito:** verdienstvoller Mensch.
7 **il toscano:** italienische Zigarrenmarke.
8 **inteso/a:** hier: vereinbart, abgemacht.
21 **inginocchiarsi:** (sich) niederknien.
22 **appostarsi:** sich postieren.
il confessionale: Beichtstuhl.

«Gesù, anche se mi infilzava col forcale, non gli avrei mai detto che i soldi li avevo dati a Voi per far guarire mio babbo. State tranquillo, non lo saprà mai nessuno al mondo, neanche se mi ammazzano.»

E poi sentì che il Cristo rispondeva:

«Va bene, Cino: vedrò di aiutarti ...»

E già lo aveva aiutato, e don Camillo la sapeva di sicuro.

Cinema

Apparvero sui muri della piazza i manifesti di un film che si era incominciato a proiettare anche nella vicina città.

Si trattava di un paio di cartelli in tutto, ma subito ci fu un gran dire in paese perché quella cinematografia aveva costituito lo scandalo dell'estate precedente. Infatti, le scene degli esterni erano state girate proprio nei dintorni, e subito i «rossi» ne avevano approfittato per impiantare un maledetto cancan contro la

3 **proiettare:** projizieren, zeigen.
6f. **la cinematografia:** Kinematographie, Film.
10 **impiantare:** eröffnen, in Gang bringen.
maledetto/a (fam.): verflucht, verflixt.
il cancan (fig.): Lärm, Krach.

reazione accusata di voler diffamare i lavoratori della Bassa e via discorrendo.

Un film, insomma, nel quale i principali personaggi erano un parroco e un sindaco comunista sempre in lotta fra loro; una storia piuttosto da ridere, a pensarci: ma i «rossi» non ridono mai e, se vedono qualcuno ridere, lo qualificano nemico del popolo.

Peppone venne subito avvertito del fatto; stava lavorando nel suo ufficio in Comune e arrivò la squadra a riferirgli con precisione la novità: quanti erano i manifesti, dove, come e da chi erano stati appiccicati e che effetto facessero alla gente.

«Io direi di eliminarli senza tante storie» affermò lo Smilzo che non amava le mezze misure.

«Prima bisogna vedere se i manifesti hanno contenuto provocatorio e se l'azione diretta risulta consigliabile oppure no» rispose gravemente Peppone.

1 **diffamare:** diffamieren, verleumden.
2 **la Bassa:** Gebiet in der Poebene nördlich von Parma, das vom Po bis zur Via Emilia reicht und seitlich von den Flüssen Enza und Ongina begrenzt wird.
e via discorrendo: und so weiter.
3 **un film:** Die erste Don-Camillo-Verfilmung wurde in Italien im März 1952 in den Kinos gezeigt.
il personaggio: Figur.
4 **il parroco:** Pfarrer.
7 **qualificare:** hier: beurteilen, einstufen.
10 **riferire qc a qu:** jdm. etwas mitteilen, berichten.
la novità: Neuigkeit.
11 **appiccicato/a:** angeklebt.
16 **provocatorio/a:** provokativ, herausfordernd.
18 **alludere a qc:** auf etwas anspielen.
la lavorazione: Herstellung.

E, seguito dalla squadra, scese in piazza.

In verità, di provocatorio non c'era proprio niente in quei cartelli: anzi, data la faccia buffa dell'attore che sosteneva la parte del parroco, c'era, se mai, da divertirsi. Ma Peppone vigilava:

«Sono le solite espressioni subdole della propaganda borghese» spiegò. «Il popolo vede sui manifesti un prete buffo, crede in buona fede che si tratti di un film onesto, va al cinema e resta buggerato perché, sotto sotto, c'è la denigrazione del proletariato. Non si sbaglia: dove c'entra un prete c'è una fregatura. ‹Chi disse Vaticanno disse danno.›»

La rima era stiracchiata, ma il concetto risultava chiaro.

«Bisogna mettere in guardia i compagni» ammonì Peppone. «Spiegare che questa pellicola è la porcheria dell'estate scorsa. Che l'autore del libro dal quale hanno tirato fuori la storia è quel giornalista reazionario che disegna i comunisti con tre buchi nel

3 **buffo/a:** witzig, komisch.
5 **vigilare:** aufpassen, auf der Hut sein.
6 **subdolo/a:** heimtückisch, hinterlistig.
9 **buggerare qu** (region.): jdn. beschwindeln, hereinlegen.
10 **la denigrazione:** Verleumdung, Verunglimpfung.
il proletariato: Proletariat.
11 **la fregatura** (fam.): Schwindel, Beschiss.
12 **il Vaticano:** Vatikan. Peppone versucht, mit der Dehnung des Wortes zu *Vaticanno* einen Reim mit *danno* zu erzeugen.
13 **stiracchiare:** entstellen, verzerren.
15 **mettere in guardia qu** (fig.): hier: jdn. alarmieren.
il compagno / la compagna: Genosse, Genossin.
ammonire qu: jdn. warnen, ermahnen.
16f. **la porcheria:** (fam.): Schweinerei.
18f. **reazionario/a:** reaktionär.

naso,* e che il film è tutta una vaccata schifosa dal principio alla fine, come hanno spiegato l'*Unità* e il *Corriere della Sera* di domenica. Bisogna riunire i compagni, leggergli i due articoli e dire chiaro e tondo che, se uno va in città a vedere il film, commette un grave atto di indisciplina.»

Davanti a uno dei manifesti era radunata parecchia gente. Peppone si avviò deciso verso il gruppo e disse ad alta voce:

«Certo che è comodo andare a ridere alle spalle del popolo in un cinematografo! Bisognerebbe essere capaci di farlo qui. È facile prendere sottogamba i sindaci comunisti nei film. Vorrei proprio vedere che ci fosse un bullo capace di prendere sottogamba il sottoscritto.»

* Allude al direttore di *Candido*, settimanale milanese indipendente. (Nota dell'A.)

1 **la vaccata** (region.): Schund, Schweinerei, Scheiße.
schifoso/a: widerlich, ekelhaft.
2 **l'«Unità»:** kommunistische Parteizeitung mit Sitz in Rom; zwischen 1924 und 1991 offizielles Presseorgan der Kommunistischen Partei Italiens (PCI, *Partito Comunista Italiano*).
2f. **il «Corriere della Sera»:** große italienische Tageszeitung aus Mailand, vertritt traditionell die Meinung der linken Mitte der Bürgerschaft.
4f. **chiaro e tondo** (fam.): klipp und klar.
6 **l'indisciplina:** Disziplinlosigkeit.
7 **radunare:** (sich) versammeln, scharen.
12 **prẹndere sottogamba qu/qc** (fig.): jdn./etwas nicht ernst nehmen.
14 **il bullo** (pegg.): Halbstarke, Rabauke.
15 **il sottoscritto:** hier (scherz.): meine Wenigkeit.
16 **il direttore di «Cạndido»:** Gründer und Direktor der satirischen Zeitschrift *Candido* ist Guareschi selbst (s. Nachwort, S. 200).

Nessuno fiatò e Peppone stava per allontanarsi, quando arrivò don Camillo.

«Certamente il reverendo non proibirà alle sue pecorelle di andare a vedere questa pellicola!» esclamò Peppone. «Quando si prendono in giro i comunisti, tutto è morale.»

Don Camillo si volse lentamente:

«Scusi, di che reverendo parla?» si informò calmo.

«Di un certo reverendo che, stavolta, non dirà che questa è una cinematografia che porta i giovani alla perdizione.»

Don Camillo accese il suo mezzo toscano:

«Scusi, signor sindaco: perché ce l'ha tanto con questo film? Come fa a giudicarlo se lei non lo ha visto?»

«E lei, scusi, reverendo: lo ha mai visto il Diavolo? Risponda se ha il coraggio!»

«No, non l'ho mai visto» ammise don Camillo.

«E se allora lei, per credere una cosa, non ha bisogno di vederla ma le basta che stia scritto sui suoi libri, io, per credere che il film è un porcheria, non ho bisogno di vederlo ma mi basta che stia scritto sul mio giornale.»

«Bene!» disse ad alta voce lo Smilzo. «Sistemato il clero!»

1 **fiatare:** atmen, Luft holen.
3 **il reverendo**: Hochwürden.
3f. **la pecorella**: hier (fig.): Schäfchen, Gläubige(r).
4 **esclamare:** ausrufen.
7 **volgersi:** sich umdrehen, (zu)wenden.
9 **stavolta** (fam.): diesmal.
11 **la perdizione:** Verderben.
12 **il toscano:** italienische Zigarrenmarke.
23 **sistemare** (fam.): zurechtrücken, -weisen.

Don Camillo non perdette la sua calma.

«Vede, signor sindaco» spiegò «io non voglio polemizzare. Voglio semplicemente domandarle: se domani, nel suo giornale, ci fosse scritto che alla Pioppetta c'è un bue che vola, lei ci crederebbe?»

«Il mio giornale non stampa mai delle stupidaggini e non ne può stampare!» replicò Peppone categorico.

«Ammetta, per un momento, che nel suo giornale ci sia un traditore maledetto il quale, approfittando di un momento di disattenzione del direttore, metta nella cronaca della provincia la notizia che alla Pioppetta c'è un bue che vola.»

Peppone scrollò le spalle.

«Questo non c'entra un accidente!» borbottò. «Se nel giornale c'è un traditore, la faccenda è un'altra.»

«La faccenda è sempre la stessa, signor sindaco» ribatté don Camillo. «Il traditore ha compiuto la sua impresa e lei apre il suo giornale e legge che alla Pioppetta, vale a dire a tre chilometri di qui, c'è un bue che ha spuntato le ali e adesso vola. Lei che ha cieca fiducia nel suo giornale e ignora che in esso sia

2f. **polemizzare:** polemisieren.
6 **la stupidaggine** (fam.): Dummheit, Blödsinn.
7 **replicare:** erwidern, entgegnen.
categorico/a: kategorisch, entschieden.
9 **il traditore:** Betrüger, Verräter.
10 **la disattenzione:** Unaufmerksamkeit.
13 **scrollare le spalle:** mit den Schultern zucken.
14 **non ... un accidente** (fam.): kein bisschen, keine Spur.
borbottare: murmeln, brummen.
16f. **ribattere:** hier: wachsen.
20 **spuntare:** zutage treten, sichtbar werden.
l'ala: Flügel.

annidato un traditore del popolo, cosa fa? Prende la notizia come buona e ci crede? È così grande la sua fede?»

«Non è una questione di fede, è una questione di buonsenso» protestò Peppone. «Perché, poi, è facile andare alle Pioppetta a controllare.»

«Ecco la differenza» esclamò don Camillo. «Quello che sta scritto nei libri sacri non è controllabile perché superiore alle forze della mente umana e allora entra in ballo il dogma, la fede. Mentre quello che sta scritto sul suo giornale è tutto controllabile e allora non si tratta più di fede, ma di rinuncia a valutare personalmente i fatti. Quando io, senza averlo mai visto, credo nella esistenza del Demonio perché così sta scritto nei libri sacri, io do una prova di fede. Quando lei, senza averlo mai visto e pur potendolo vedere con estrema facilità, crede che questo film sia una porcheria, non dimostra di aver fede nell'*Unità*, altrimenti crederebbe anche al bue che vola: dimostra semplicemente di rinunciare, per disciplina di partito, a valutare col suo cervello i fatti. Quindi il suo paragone non quadra. L'*Unità* è una cosa, la Sacra Scrittura un'altra.»

Peppone scosse il capo.

«E allora, secondo lei, com'è questo film?»

1 **annidare:** verstecken, einnisten.
5 **il buonsenso:** gesunder Menschenverstand.
10 **entrare in ballo** (fig.): ins Spiel kommen (*il ballo:* Ball, Tanzfest). **il dogma:** Dogma, Lehrsatz.
14 **il Demonio:** Dämon, Teufel.
22f. **la Sacra Scrittura:** Heilige Schrift.
24 **scuọtere il capo:** den Kopf schütteln.

«Non ne ho un'idea: per poterle dire cosa ne pensi dovrei averlo visto. Nella Sacra Scrittura non c'è la critica cinematografica.»

«Però» urlò Peppone trionfante «sulla porta della chiesa c'è il menù coi film che si possono vedere o no. E allora? Quando il mio giornale dice che un film è una porcheria e io ci credo senza andarlo a vedere, ciò significa che io rinuncio a ragionare con la mia testa. Se il vostro quadro dice che un film è una porcheria e voi ci credete senza vederlo, con che cervello ragionate?»

Don Camillo scrollò le spalle.

«Vede, signor sindaco, abbiamo sbagliato fin dal principio, quando non abbiamo precisato meglio la differenza che esiste fra la Sacra Scrittura e l'*Unità*. Noi fino a questo momento abbiamo discusso come se appartenessimo a due organizzazioni avversarie ma della stessa natura. In realtà si tratta di due organizzazioni sostanzialmente diverse perché la mia fa capo a Cristo, la sua fa capo a Stalin. Io lavoro per il Regno dei Cieli, mentre lei lavora per la repubblica sovietica, io sono il custode della Casa di Dio, mentre lei è il custode della Casa del Popolo. Come possiamo arrivare a una conclusione se prima non stabiliamo quale è il vero Padreterno – quello che sta in Cielo o quello che sta in Russia – e chi di noi due appartiene

4 **trionfante** (agg.): triumphierend.
19 f. **fare capo a qu/qc** (fig.): sich an jdn./etwas wenden.
20 f. **il Regno dei Cieli:** himmlisches Königreich.
21 f. **soviẹtico/a:** sowjetisch.
22 **il custode:** Hüter, Bewahrer.
25 **il Padreterno:** heiliger Vater.

perciò all'amministrazione giusta? E quale sia il giusto criterio di valutazione delle umane manifestazioni?»

Lo Smilzo intervenne:

«La solita storia; quando se la vedono brutta, tirano in ballo Dio e buttano tutto in politica: ‹Dio ha sempre ragione!› Quindi se ha ragione Dio, hanno ragione i preti. Ma Dio non è che un'espressione geografica per stabilire nell'infinito i confini del potere clericale!»

La squadra si allontanò soddisfatta del visibile sgomento che l'affermazione dello Smilzo aveva suscitato in don Camillo. Arrivato in sede, Peppone si rivolse allo Smilzo:

«Dov'è che l'hai letta quella roba dell'espressione geografica?»

«L'ho pensata io» spiegò lo Smilzo. «Ora studio molto.»

«Bene» approvò gravemente Peppone «vedi di metterti in movimento e di spiegare che alle manovre della reazione bisogna rispondere non raccogliendo le

4 **intervenire:** eingreifen, sich einmischen.
5 **sọlito/a:** üblich, gleich.
5 f. **tirare in ballo qc:** etwas ins Spiel bringen.
6 **buttare qc in polịtica:** politisch werden, die Politik ins Spiel bringen.
10 **clericale** (agg.): klerikal, kirchlich.
11 **visịbile** (agg.): sichtbar.
11 f. **lo sgomento:** Bestürzung, Erschütterung.
12 **l'affermazione** f.: Behauptung.
20 **la manovra:** Manöver, Maßnahme.
21 **la reazione:** hier: Reaktion (im Sinne einer fortschrittsfeindlichen politischen Kraft), Gruppe der Reaktionäre.

provocazioni e non andando a vedere i film che la propaganda avversaria mette in giro per vilipendere la causa del popolo.»

*

«Gesù» disse don Camillo al Cristo dell'altar maggiore «sarebbe bene non teneste conto dell'‹espressione geografica› e dell'altra roba dello Smilzo. Probabilmente non sapeva neanche lui cosa volesse dire. Piuttosto mi dispiace di aver discusso su quella pellicola. Potrebbe sembrare che io, in un certo senso, inciti la gente ad andarla a vedere. Ripensandoci a mente serena, temo di aver commesso una sciocchezza. Non conoscendo quel film, io avevo il dovere di evitare di parlarne. Perché, se per caso fosse davvero una porcheria, il fatto stesso di averne parlato in pubblico senza disapprovarlo sarebbe sufficiente per creare un tragico equivoco nella mente dei fedeli. Uno dei due personaggi principali è un prete, e l'idea di travestire un attore di cinema da sacerdote è già da disapprovare in partenza. Ma che razza di sacerdote ne sarà poi saltato fuori? Domani è domenica e io,

2 **vilipẹndere:** verhöhnen.
5 **tener conto di qc:** etwas berücksichtigen, bedenken.
9f. **incitare:** ermuntern, auffordern.
15 **disapprovare qu/qc:** jdn./etwas missbilligen, tadeln.
16 **l'equịvoco:** Missverständnis.
18 **travestire:** verkleiden.
il sacerdote: Priester.
19 **in partenza:** von vornherein, von Anfang an.
che razza di: was für eine (absurde) Art von.
20 **saltare fuori:** hier (fig.): herauskommen.

durante il sermone, dovrei essere in grado di dissipare l'equivoco, di chiarire le idee ai fedeli, di metterli in guardia contro il subdolo pericolo che può essere annidato in quello spettacolo. Le critiche: già. Ci sono le critiche dei giornali: ma come osserva un film il critico cinematografico? Si preoccupa forse di mettere in luce le storture o le sfasature di carattere religioso?»

Don Camillo camminò un po' in su e in giù, poi si fermò:

«Le critiche dei giornali cattolici? D'accordo: ma chi le ha viste? E, anche avendole viste, possono essere considerate valevoli a tutti gli effetti sempre e dovunque? O non bisogna invece tener conto della differente situazione dei vari paesi? Quel che va bene a Roma o a Milano, può andar bene ugualmente qui? O magari, nella pellicola, c'è un particolare che a Milano non significa niente, mentre qui può essere interpretato come allusivo a un fatto particolare e risultare, per esempio, controproducente? E non saper cosa dire, domani! E non potersi fidare di nessuno perché, a parte il fatto che nessuno andrà in città stasera, non c'è disgraziatamente persona tanto serena da poter fornire un giudizio veramente attendibile. E così, do-

1 **il sermone:** Predigt.
dissipare: zerstreuen, auflösen.
7 **la stortura:** hier: Fehler (*storto/a:* schief).
la sfasatura: Unstimmigkeit.
12 **valẹvole** (agg.): gültig.
12f. **dovunque:** überall.
18 **allusivo/a:** anspielend.
19 **controproducente** (agg.): kontraproduktiv.
22 **disgraziatamente:** unglücklicherweise.
23 **attendịbile** (agg.): glaubwürdig, zuverlässig.

mani nel pomeriggio, partirà di qui un sacco di gente per andarsi a vedere uno spettacolo che le mie imprudenti parole hanno fatto credere meritevole d'esser visto, mentre invece è stupido se non addirittura sacrilego! È un pasticcio grosso!»

«Pasticcio grosso?» sospirò il Cristo. «Non mi pare, don Camillo. Considerando il fatto che tu, per un fortunato caso, hai la motocicletta del Perlini davanti alla rimessa e che, sotto la tonaca, hai un completo abito borghese, non vedo nessun pasticcio.»

«Gesù» rispose don Camillo scuotendo tristemente il capo. «Voi vorreste che un sacerdote si camuffasse, saltasse sopra una motocicletta e raggiungesse la città per andarsi a mescolare tra la folla di un cinematografo?»

«Non voglio niente, don Camillo» rispose dolcemente il Cristo. «Sei tu che lo vuoi. Altrimenti, perché ti saresti procurato la motocicletta in prestito e perché ti saresti travestito?»

«Quando la mente è turbata da gravi preoccupazioni» sospirò don Camillo «si compiono atti di cui non ci si rende materialmente conto. Mi avvedo ora di

2f. **imprudente** (agg.): unvorsichtig.
4f. **il sacrilego:** Sakrileg, Frevel.
5 **il pasticcio** (fam.): Schlamassel, Bescherung.
9 **la rimessa:** Schuppen.
la tọnaca: Talar.
12 **camuffarsi:** sich verkleiden.
14 **la folla:** Menge, Haufen.
18 **in prẹstito:** geliehen.
20 **turbare:** beunruhigen, verwirren.
22 **materialmente:** hier: wirklich.
avvedersi: bemerken.

quanto ho fatto in un momento di incoscienza e me ne pento.»

Don Camillo uscì a capo chino con la ferma intenzione di andare a letto. Ma gli accadde uno spiacevole incidente: mentre armeggiava al buio attorno alla motocicletta per portarla in rimessa, un piede gli cadde sulla pedivella d'avviamento, la marcia non si sa come si ingranò e la macchina gli sarebbe sfuggita dalle mani se don Camillo non vi fosse balzato sopra.

Così si trovò ben presto oltre il ponte del Molinetto e, siccome faceva freddo, don Camillo fermò la macchina, si tolse la tonaca, indossò un pastrano che stava legato dietro, nel portabagagli, si mise in testa un berretto e poi riprese il cammino verso casa. Evidentemente sbagliò strada a causa del buio perché, dopo una corsa folle, si trovò alle porte della città, davanti all'entrata di un antico stallaggio dove, adesso,

1 **l'incoscienza:** Verantwortungslosigkeit, Leichtsinn.
3 **a capo chino:** mit gesenktem Haupt.
fermo/a: hier (fig.): entschlossen, entschieden.
4 **accadere:** geschehen, sich ereignen.
5 **armeggiare attorno a qc:** sich an etwas zu schaffen machen, an etwas herumhantieren.
7 **la pedivella d'avviamento:** Kickstart (*la pedivella:* Tretkurbel; *l'avviamento:* Anlassen, Starten).
8 **ingranare:** einkuppeln.
9 **balzare:** (hoch)springen, hüpfen.
12 **il pastrano:** schwerer (Winter-)Mantel.
14 **il berretto:** Mütze, Kappe.
riprẹndere: hier: fortsetzen.
il cammino: Weg, Reise.
16 **la porta:** hier: (Stadt-)Tor.
17 **lo stallaggio:** Stallung.

un vecchio ciabattino custodiva le motociclette e le biciclette della gente che veniva dalla campagna.

Don Camillo bussò e il vecchietto gli venne ad aprire poco dopo:

«Stasera c'è poco movimento» spiegò a don Camillo. «Voi siete il primo e credo che sarete anche l'ultimo.»

Questa faccenda fece molto piacere a don Camillo che, inforcato un paio d'occhiali piuttosto annebbiati, si incamminò subito verso la città.

Ed ecco il primo problema: il film veniva proiettato contemporaneamente in due cinema; quale sarebbe stato quello più sicuro?

Don Camillo trasse una moneta. Testa: cinema A, croce: cinema B. Venne croce e don Camillo diresse i suoi passi verso il cinema B e, qui giunto, entrò e si mise vicino a una porta in modo da poter tagliare rapidamente la corda se avesse visto qualche faccia conosciuta.

Tutto questo venne fatto assai rapidamente e, quando don Camillo già stava entrando nel cinema, il vecchietto dello stallaggio era ancora intento a richiu-

1 **il ciabattino:** Flickschuster.
custodire: aufbewahren, bewachen.
3 **il vecchietto / la vecchietta:** Alterchen (dim. zu *il vecchio / la vecchia*).
9 **inforcare:** aufsetzen.
annebbiato/a: trüb.
10 **incamminarsi:** sich auf den Weg machen.
16 **giụngere:** ankommen, gelangen.
17 f. **tagliare la corda** (fig.): sich abseilen, sich aus dem Staub machen.
22 **intento/a a fare qc:** mit etwas beschäftigt sein.

dere la porta. Però non fece a tempo a dare il catenaccio che un altro motociclista già era arrivato e chiedeva di entrare.

Andò a collocare la sua motocicletta vicino all'altra e cominciò a sfilarsi la tuta, quando gli venne quasi un colpo: vecchio mondo, quella lì davanti a lui era una motocicletta che conosceva bene! Era la vecchia Northon di Perlini.

Il custode-ciabattino stava pensando ai fatti suoi: il motociclista si guardò attorno e subito trovò quello che sapeva di trovare perché era un pezzo che si serviva di quello stallaggio. Lì nell'angolo c'era il deschetto del vecchio: il motociclista allungò una mano e pescò dentro una ciotola. Poi, con delicatezza, appuntò una bulletta sul battistrada della copertura posteriore della moto del Perlini.

‹Maledetto reazionario, te ne accorgerai passato il Fontanaccio!› borbottò fra sé il motociclista. E c'era

1f. **il catenaccio:** Riegel.
2 **il/la motociclista:** Motorradfahrer(in).
4 **collocare:** etwas hinstellen, einreihen.
5 **sfilarsi qc:** etwas ausziehen.
5f. **venire un colpo a qu:** vom Schlag getroffen werden.
7f. **la Northon:** Motorrad der englischen Marke Norton.
10 **attorno** (avv.): rundherum, ringsherum.
11 **il pezzo:** hier: Weile, Zeit lang.
12f. **il deschetto:** Werkbank, Arbeitstisch.
13 **allungare:** ausstrecken.
14 **la ciotola:** Schale, Schüssel.
la delicatezza: Feinheit, Sanftheit.
14f. **appuntare qc:** etwas anstecken, anheften.
15 **la bulletta:** Reißzwecke, Reißnagel.
il battistrada: Reifenprofil.
la copertura: hier: Reifen, Reifenmantel.

davvero da essere sicuri che la faccenda avrebbe funzionato come pensava, perché, anche penetrando tutta nel battistrada, la bulletta – fin dove ci fosse stata strada liscia – non sarebbe arrivata a pizzicare la camera d'aria. Ma, al Fontanaccio, la strada era schifosa, a griglia, tutta a cunette una vicina all'altra, e lì, per forza, la punta della bulletta sarebbe arrivata a pizzicare la camera d'aria e il motociclista sarebbe rimasto a piedi e avrebbe dovuto spingere la macchina per circa dieci chilometri. Un affare!

Il motociclista, svestita la tuta, si avviò di corsa verso la città: evidentemente aveva cose molto urgenti da fare.

*

Don Camillo si bevve indisturbato il film e, appena arrivò la breve coda finale, schizzò fuori dalla porta e in tre secondi fu sulla strada. L'idea di mettersi vicino alla porta era stata eccellente. Trovò un tassì proprio davanti al cinema e si fece portare allo stallaggio. Cacciò un biglietto da cento in mano al custode-cia-

2 **penetrare:** eindringen.
4 **pizzicare:** stechen.
4f. **la camera d'aria:** Luftkammer.
6 **a griglia:** mit Rillen.
la cunetta: Querrinne.
10 **l'affare** m.: hier: eine lohnende Angelegenheit.
11 **svestire qc:** etwas ausziehen.
14 **indisturbato/a:** ungestört.
15 **la coda finale:** Abspann.
schizzare: herausschießen, -springen.
19 **cacciare** (fam.): hier: schmeißen.

battino e corse a ricuperare la macchina. Ma gli cadde l'occhio sull'altra moto vicina alla sua e quasi gli mancò il fiato.

‹Maledizione! La Guzzi del Talchetti!› borbottò don Camillo. ‹Quello mi raggiunge quando vuole, lungo la strada! Non posso correre questo pericolo. E poi peggio per lui: quando si troverà a piedi telefoni a Stalin!›

È straordinario come certe idee siano destinate a venire in testa a tutti: anche don Camillo pescò con la mano nella ciotola del ciabattino e anche don Camillo appuntò delicatamente una bulletta nella gomma posteriore della motocicletta che non gli andava a garbo.

‹Se posso passare il Fontanaccio, il Talchetti non mi raggiunge più!›

Partì sparato come una cannonata da 105 e mollò tutto il gas; gli interessava passare il Fontanaccio e lo passò in piena velocità, sobbalzando. Però, cinquecento metri dopo il Fontanaccio, don Camillo era appiedato.

Gli venne voglia di mettersi a piangere trovandosi, dopo la mezzanotte, in una strada dove non passava-

1 **ricuperare:** wiedererhalten, zurückbekommen.
4 **maledizione!:** verflucht, verdammt noch mal!
la Guzzi: Motorrad der italienischen Marke Moto Guzzi.
6 **lungo la strada:** auf dem Weg.
correre un pericolo: ein Risiko eingehen.
13 **non andare a garbo a qu:** jdm. nicht gefallen, nicht (in den Kram) passen.
16 **la cannonata:** Kanonenschuss.
mollare: freilassen, lockern.
18 **sobbalzare:** ruckeln, holpern.
19 f. **appiedato/a:** zu Fuß.

no neanche i fantasmi, con una gomma a terra e dieci chilometri per arrivare al paese.

«Gesù» sussurrò «è giusto punirmi perché ho fatto la porcheria di travestirmi e scappare in città: però ...»

Però si ricordò che aveva fatto anche la porcheria di infilzare la bulletta nella gomma del Talchetti e si interruppe. Si incamminò lentamente spingendo la grossa motocicletta.

Gli venne subito un caldo maledetto. Si tolse il pastrano e indossò la tonaca: pensò che, se fosse passato qualcuno e l'avesse scoperto travestito, la faccenda avrebbe peggiorato. Camminò ancora per un bel pezzo poi si fermò a riposare, seduto sulla spalletta d'un ponte.

Mentre stava per riprendere il cammino, sentì uno stropiccìo di passi: qualcuno stava avvicinandosi, venendo dalla parte della città. Ed era un uomo che spingeva una motocicletta.

Don Camillo accese un mezzo toscano; tanto peggio se era il Talchetti: alle due di notte, anche la compagnia del Talchetti diventa sopportabile.

Ma la motocicletta era quella del Talchetti, mentre il motociclista appiedato era Peppone.

«Un esperto meccanico come il signor sindaco, a piedi?» disse don Camillo.

«Non bastava la disgrazia di aver bucato una gom-

1 **il fantasma:** Gespenst.
3 **sussurrare:** flüstern, raunen.
6 **infilzare qc:** etwas durchstechen, -bohren.
13 **la spalletta:** Brückengeländer.
15 **lo stropiccio:** Schlurfen.
25 **la disgrazia:** Unglück, Pech.
bucato/a: durchlöchert.

ma!» esclamò cupo Peppone. «Adesso mi capita tra i piedi un prete! Si può sapere cosa fate qui a quest'ora?»

«Sto insegnando a camminare alla motocicletta del Perlini» spiegò don Camillo saltando giù dal muricciolo e riprendendo a spingere la sua macchina.

Camminarono in silenzio a fianco l'uno dell'altro per un bel po', quindi don Camillo disse:

«Non si potrebbe cercare di rimediare al guasto?»

«Sì, con questo buio. E poi con cosa lo chiudo il buco della gomma, con lo sputo? Io non ho niente.»

Anche la cassettina della Northon era vuota. Continuarono a camminare ansimando.

«Sarebbe comoda, è vero, che i comunisti fossero come quelli del film!» esclamò a un tratto Peppone.

«Che film?» si stupì don Camillo.

«E cosa siete venuto a fare in città? A contare i mattoni del Ponte di Mezzo? Sarebbe comoda che i comunisti fossero così! Gran parole grandi chiacchiere, gran fazzoletti rossi al collo e poi tutti buoni buoni a dar retta al prete!»

«Veramente non è che, nel film, il sindaco dia retta

5f. **il muricciolo:** niedrige Einfassungsmauer.
7 **a fianco:** (da)neben.
10 **chiụdere:** verschließen.
11 **lo sputo:** Spucke.
12 **la cassettina:** Kästchen (dim. zu *la cassa:* hier: Kasten).
13 **ansimare:** keuchen.
15 **a(d) un tratto:** plötzlich, auf einmal.
16 **stupirsi:** sich wundern, staunen.
18 **il mattone:** Ziegel-, Backstein.
21 **dare retta a qc/qu:** auf etwas/jdn. hören, Vertrauen schenken.

al prete: qui si tratta di una questione di coscienza. Il film fa vedere, insomma, che i comunisti hanno anche una coscienza personale e, trovandosi in situazioni dove ci sia di mezzo la coscienza, agiscono da normali galantuomini.»

Peppone muggì:

«Agiscono da normali cretini! Quel sindaco non è un comunista, è un imbecille! È un fantoccio! Aveva ragione l'*Unità*: gli piacerebbe ai reazionari che i comunisti fossero dei rimbambiti di questo genere. Ma, grazie a Dio, sono ben diversi. Ve ne accorgerete!»

Don Camillo intervenne:

«Compagno, perché ti arrabbi tanto? Risparmia il tuo fiato per la moto: io ti do perfettamente ragione. I disgraziati che hanno messo assieme il film non capiscono un accidente e hanno presentato dei comunisti che agiscono da galantuomini, che hanno addirittura dei gesti di generosità, addirittura diventano poeti, in certi momenti. Dei comunisti che hanno una coscienza personale più forte della coscienza di partito! Disgraziati, se ne accorgeranno! La forza dei comunisti consiste appunto nell'aver rinunciato a idee proprie, e nell'aver accettato senza discutere una disciplina. Al-

4 **essere di mezzo:** drinstecken, im Spiel sein.
5 **il galantuomo:** Ehrenmann.
6 **muggire:** brüllen.
7 **il cretino:** Dummkopf, Trottel.
8 **il fantoccio:** Hampelmann, Marionette.
10 **il rimbambito / la rimbambita:** Trottel, Blödmann.
15 **il disgraziato** (pegg.): Mistkerl, Lump.
assieme: *insieme*.
15f. **non ... un accidente:** kein bisschen, keine Spur.
18 **la generosità:** Großzügigkeit, Selbstlosigkeit.

tro che baciare l'anello al Vescovo e salutare il prete che parte: queste sono le sciocchezze sentimentali dei borghesi. I comunisti non hanno sentimentalismi e puntano diritti alla meta. Chi è nemico dell'idea è nemico del comunista. Se la moglie è contro il partito via la moglie. Se tuo figlio è pericoloso per il partito, tu ammazzi tuo figlio.»

«Vostro figlio lo ammazzerete voi!» replicò Peppone.

«Cosa c'entra?» esclamò don Camillo. «Noi non possiamo avere figli.»

«Per fortuna: staremmo freschi se il pretismo fosse ereditario!»

Don Camillo non si arrabbiò:

«Non m'intendere male, Peppone: io non voglio dire che i comunisti ammazzino normalmente figli e mogli. Io intendo dire che se, domani, tuo figlio diventasse un potente uomo politico avversario e che da lui dipendesse la vita o la morte del tuo partito tu, dovendo scegliere fra la morte del figlio o la morte del partito, sceglieresti da buon comunista la morte del figlio!»

Peppone brontolò qualcosa:

«Mio figlio la penserà sempre come la penso io e non si metterà certo a fare il nemico del popolo altrimenti l'ammazzo di legnate.»

3 **il sentimentalismo:** Sentimentalität.
4 **puntare:** hier: zielen, zusteuern.
7 **ammazzare qu:** jdn. umbringen.
11 **stare fresco** (fig.): schön in der Patsche stecken.
il pretismo: Priestertum.
12 **ereditario/a**: (ver)erblich, Erb…
25 **la legnata** (fam.): Stockschlag; hier: Tracht Prügel, Schläge.

«Appunto, quello che sostengo io: se il figlio è nemico del partito si ammazza il figlio.»

«Ma si fa per dire! Non prendiamo tutto alla lettera!» gridò Peppone. «Lasciamo stare i figli che non c'entrano.»

«Lasciamo stare i figli; però, ritornando al nostro discorso, soltanto uno che non conosce i comunisti poteva mettere in scena un comunista come quello del film: figuriamoci se un comunista può andar d'accordo col prete! Il prete è il nemico pubblico numero uno! Ma dove vivono questi cinematografisti? Non leggono neanche i giornali? Non si sono neanche accorti di tutti i preti che voi comunisti avete fatto fuori qui in Emilia? Bello, poi, il sindaco comunista che fa il crumiro e va a mungere le bestie insieme al prete per non rovinare il patrimonio nazionale! Ma dove ha la testa questa gente? Non sa dunque delle migliaia di viti recise al piede? Delle bombe messe dentro le trebbiatrici? Dei paletti di ferro piantati nell'erba per spaccare le falciatrici? Dei crumiri pestati sotto i piedi e ammazzati? Dei fienili incendiati?

3f. **prẹndere qc alla lettera:** etwas wörtlich nehmen.
13f. **fare fuori qu** (fam.): jdn. kaltmachen, um die Ecke bringen.
14 **l'Emilia:** Emilia-Romagna, Region im Norden Italiens.
15 **il crumiro:** Streikbrecher.
mụngere: melken.
18 **recịdere:** abschneiden, abschlagen.
19 **la trebbiatrice:** Dreschmaschine.
il paletto: Pflock.
20 **la falciatrice:** Mähmaschine.
20f. **pestare qu:** jdn. verprügeln.
21 **il fienile:** Heuschober.
incendiare: anzünden, in Brand setzen.

Delle dighe tagliate? E i blocchi stradali? E gli agrari fatti fuori come quello famoso là di Ferrara che era solo contro quattrocento? Poveri borghesucci illusi: sentirete che ore sono! Ve ne accorgerete se i comunisti sono come quelli del film o se sono, invece, diversi.»

Peppone si fermò sbuffando.

«Sentite un po'! Secondo voi i comunisti sono dunque tutti dei sanguinari, degli incendiari, dei sabotatori, dei distruttori?»

«Si capisce.»

«Ma nossignore: c'è modo e modo di essere comunisti!»

«No, compagno Peppone, c'è un modo solo. E l'unico sentimento che può albergare nell'animo di un comunista è l'odio!»

«Voi non dovreste avere neanche il coraggio di parlare!» gridò Peppone. «Voi che ci avete scomunicati! La scomunica è il più grande atto di odio che si possa fare!»

«Ma no» replicò calmo don Camillo. «Niente odio.

1 **la diga:** Damm, Deich.
l'agrario: Gutsbesitzer.
3 **il borghesoccio** (m. pl. *borghesucci*, pegg.): Spießbürger.
illụdere: vormachen, falsche Hoffnungen machen.
6 **sbuffare:** schnauben.
8 **il sanguinario:** Bluthund, blutgieriger Mensch.
l'incendiario: Brandstifter.
8f. **il sabotatore:** Saboteur.
9 **il distruttore:** Zerstörer, Vernichter.
14 **albergare:** beherbergen.
17f. **scomunicare:** exkommunizieren, mit dem Kirchenbann belegen (*la scomunica:* Exkommunikation, Kirchenbann).

Se uno ha il colera, male contagioso, io medico ho il dovere di isolarlo. Non lo isolo perché lo odio. Lo isolo perché, così facendo, metto in guardia la gente: attenzione che Peppone ha il colera. E, se lo sa la gente, lo sa anche Peppone. Io non odio Peppone né lo voglio ammazzare. Voglio che non infetti gli altri e che guarisca. Lo curo ma lo isolo. Lo isolo ma lo curo.»

«È una prepotenza morale!» protestò Peppone.

«E perché? Lo sarebbe se, scomunicandoti, la Chiesa ti impedisse di credere in Dio. Nessuno ti può impedire di credere in Dio. E, se credi in Dio, ti renderai presto conto di avere il colera. E, appena te ne sarai accorto, sarai guarito.»

Peppone gridò che lui non era lì per sentire la predica e don Camillo cambiò tono.

«Hai ragione: qui si stava parlando di cinematografo. Concludendo, ci troviamo dunque perfettamente d'accordo nel riconoscere che quella pellicola è una porcheria perché il fatto di presentare dei comunisti come dei banali galantuomini costituisce una denigrazione per i comunisti e sottovaluta il pericolo comunista agli occhi degli avversari del comunismo. Il comunista è un uomo che rifugge da ogni sentimentalismo e, siccome anche la coscienza è sentimentalismo, se un

1 **il colera:** Cholera.
contagioso/a: ansteckend.
6 **infettare:** infizieren, anstecken.
8 **la prepotenza:** Überheblichkeit, Anmaßung.
14f. **la predica:** Predigt.
17 **dunque:** also, folglich, demnach.
20 **banale:** banal, gewöhnlich.
21 **sottovalutare:** unterschätzen.
23 **rifuggire qc/qu:** etwas/jdn. meiden, fliehen.

buon comunista vede alle tre e mezzo di notte un povero prete che crepa dalla voglia di fumare, invece di dargli un mezzo toscano finge di non accorgersene, perché il partito gli ordina di essere un farabutto.»

Peppone si tolse di saccoccia mezzo toscano e lo porse a don Camillo.

Oramai erano arrivati in vista del paese: si sedettero sulla spalletta di un ponticello a fumare e stettero lì un bel po' a guardare il fumo.

«Adesso che siamo arrivati» borbottò Peppone «posso dirvi che la bulletta nella gomma ve l'ho infilata io, al deposito. Credevo che foste quel maledetto del Perlini.»

«E allora ti dirò che la bulletta nella tua gomma l'ho infilzata io, al deposito» ammise don Camillo. «Credevo che tu fossi quel saltastrada del Talchetti. Se avessi immaginato che eri tu, ne avrei piantato una anche nella gomma davanti.»

«Figuratevi cosa avrei fatto io se avessi saputo che eravate voi!» gridò Peppone.

Rimasero tutt'e due in silenzio per una decina di minuti.

«Bel caso, però» disse a un tratto Peppone. «Sembra una storia del film.»

2 **crepare** (volg.): krepieren, verrecken.
3 **fingere qc:** etwas vortäuschen, so tun als ob.
4 **il farabutto:** Schurke.
5 **la saccoccia** (region.): (Hosen-)Tasche.
7 **or(a)mai:** nun, jetzt.
8 **il ponticello:** Brücklein (dim. zu *il ponte*).
11f. **infilare:** hineinstecken.
12 **il deposito:** Depot, Lager.
16 **il saltastrada** (region.): Scharlatan.

«Bel caso sì» aggiunse don Camillo. «Tu freghi me, io frego te e così rimaniamo a piedi tutt'e due. Sembra l'eterna storia di quel disgraziato film che è la vita dei poveretti.»

L'alba saliva lentamente dietro il fiume e il paese deserto era lugubre e squallido. Don Camillo domandò a Peppone:

«Se adesso tu potessi ottenere tutto quello che vuoi, cosa chiederesti?»

«Di crepare!» rispose Peppone. E la sua voce era sommessa, pacata e sincera.

Don Camillo si guardò le scarpe scalcagnate e impolverate e sospirò.

Ripresero il cammino e, arrivati al bivio, uno prese la destra l'altro la sinistra, senza salutarsi, ognuno spingendo la sua moto che poi non era sua.

E l'uno si allontanava sempre più dall'altro, ma una stessa inutile fatica li univa.

1 **fregare** (fam.): anschmieren, bescheißen.
4 **il poveretto / la poveretta** (dim.): *il povero / la povera.*
6 **lugubre** (agg.): finster, düster.
squallido/a: trostlos, gottverlassen.
11 **sommesso/a:** bescheiden.
pacato/a: ruhig.
12 **scalcagnato/a:** ausgetreten, schief getreten.
12f. **impolverato/a:** staubig, verstaubt.
14 **il bivio:** Weggabelung, Abzweigung.

«Ceratom»

Una Topolino squinternata si fermò sul sagrato e ne scese un uomo magro, con una gran borsa di pelle.

Raggiunta la porta della chiesa la socchiuse, mise dentro la testa, e poi fece un rapido dietro-front e marciò deciso sulla canonica.

1 **«Ceratom»:** verkürzt von *Cera atomica:* fiktiver Eigenname eines Bohnerwachses (*la cera:* Wachs)
2 **la Topolino:** Mäuschen, Spitzname des ab 1936 gebauten Fiat 500.
squinternato/a: hier: klapprig.
il sagrato: Kirchplatz.
4 **socchiudere**: halb schließen; hier: halb öffnen.
5 **il dietro-front:** Kehrtwendung.
6 **marciare:** marschieren.
la canonica: Pfarrhaus.

Don Camillo stava godendosi il focherello del camino in tinello e, sentendo bussare, gridò un «Avanti!» che pareva una minaccia a mano armata. Ma quando poi vide comparire quell'ometto striminzito, si placò:

«Il tempo di consegnarle un plico e poi tolgo subito l'incomodo» spiegò sorridendo tristemente il forestiero frugando dentro la borsa che aveva posato sulla tavola.

Il plico conteneva un opuscolo di propaganda contro i «rossi».

«Lo manda il comitato» commentò il forestiero.

«Si accomodi» esclamò completamente rasserenato don Camillo.

«Si sta meglio qui che dentro la mia trappola!» sospirò il forestiero sedendosi davanti al fuoco. «D'altra parte il mestiere è quello che è.»

Don Camillo si alzò per riporre l'opuscolo e per tirare il collo a una bottiglia di fortanella.

«Lei è del comitato?» s'informò don Camillo.

1 **il focherello:** Feuerchen (dim. zu *il fuoco*).
2 **il tinello:** Esszimmer.
4 **comparire:** erscheinen, auftauchen.
l'ometto: Männchen (dim. zu *l'uomo*).
striminzito/a: dürr, mager.
placarsi: sich beruhigen.
5 **il plico:** Umschlag, Postsendung.
6 **l'incọmodo**: Störung, Belästigung.
forestiero/a: fremd.
7 **frugare:** kramen, wühlen.
8 **l'opụscolo:** Heft, Broschüre.
10 **il comitato:** Komitee.
commentare: kommentieren.
11 **esclamare:** ausrufen.
rasserenato/a: aufgeheitert.
17 **la fortanella:** süßer Wein, der in der Poebene angebaut wird.

«No» rispose il forestiero. «Sono amico di quelli del comitato e mi presto volentieri. Comitato o non comitato, la battaglia è unica per tutti i galantuomini. Siccome io debbo battere la zona paese per paese, il fatto di portare qualche plico non mi dà nessun incomodo. Così si risparmiano le spese postali e, soprattutto, si è sicuri che il materiale non vada perso.»

Il forestiero ridacchiò. Bevve un sorso di vino.

«Questo mi tirerà un po' su di giri!» esclamò. «Ne ho bisogno.»

Don Camillo tornò a sedersi.

«Se è lecito» s'informò «quale sarebbe precisamente il suo mestiere?»

«Non me lo faccia dire, reverendo!» disse il forestiero. «È il mestiere più disgraziato de mondo. Ma quando uno si trova con una famiglia sulle spalle, non può fare tanto lo schizzinoso.»

Don Camillo attendeva.

«Viaggio» spiegò l'uomo malinconicamente. «Cerco di vendere una merce di cui nessuno ha bisogno. Io sono arrivato ultimo e le piazze buone le avevano già prese gli altri. Mi sono toccati i piccoli centri, i paesi!»

2 **prestarsi:** sich zur Verfügung stellen, sich einsetzen.
3 **la battaglia:** Schlacht, Kampf.
il galantuomo: Ehrenmann.
6 **la spesa:** hier: Ausgabe.
postale (agg.): Post…
8 **ridacchiare:** kichern.
9 **tirare un po' su di giri** (fam.): wiederherstellen, auf Trab bringen.
12 **lẹcito/a:** erlaubt, gestattet.
14 **il reverendo:** Hochwürden.
15 **disgraziato/a:** unglücklich, unglückselig.
17 **lo schizzinoso:** wählerischer, zimperlicher Mensch.

«Ma cos'è che vende?»

«Niente!» rispose cupo l'uomo. «Faccio gli affari che farebbe uno che cercasse di vendere del ghiaccio al Polo Nord o delle ancore da bastimento sulle Dolomiti. Lasciamo perdere, reverendo. Dimentichiamo per un momento i nostri guai.»

L'uomo vuotò d'un sorso il bicchiere e don Camillo tornò a riempirglielo. La curiosità incominciava a pizzicare don Camillo: ma che accidente vendeva quel disgraziato?

Il forestiero scosse il capo:

«Reverendo» sussurrò «lo sa cos'è il ‹*Ceratom*›? Non stia a lambiccarsi il cervello, glielo dico io: ‹*Ceratom*› significa ‹Cera Atomica›. In altre parole: cera per pavimenti.»

Bevve un goccio di vino poi continuò:

«Capisce? Io devo vendere cera per lucidare i pavimenti dove non esistono pavimenti da lucidare. Dove esistono soltanto pavimenti di mattoni.»

2 **cupo/a:** (fig.): finster.
4 **l'ancora:** Anker.
il bastimento: (Fracht-)Schiff.
4f. **i Dolomiti** m. pl.: Dolomiten (Gebirgskette in Norditalien).
5 **lasciare perdere:** es gut sein lassen.
6 **il guaio** (oft pl.): Unheil, Unglück, Pech (*essere nei guai:* in der Klemme sitzen).
8f. **pizzicare:** stechen.
9 **che accidente:** was in aller Welt, was zum Teufel.
11 **il capo:** Haupt, Kopf.
12 **sussurrare:** flüstern, raunen.
13 **lambiccarsi:** über etwas nachdenken, sich den Kopf über etwas zerbrechen.
17 **lucidare:** polieren, bohnern.
19 **il mattone:** Ziegel-, Backstein.

Don Camillo credette suo dovere rettificare:

«Ci sono pavimenti di mattonelle e di marmiglia anche qui. Tanto è vero che in drogheria la cera per pavimenti la vendono.»

L'uomo sorrise tristemente:

«Esatto, reverendo: ho visitato le due drogherie del paese e so già tutto. Mi hanno fatto vedere che, dato il consumo, hanno scorte di cera almeno per venticinque anni! E poi il mio è un prodotto nuovo: ottimo, economico, ma nuovo, e la gente diffida sempre delle novità. Lavorare coi privati non posso: cerco di far qualcosa con i Comuni e con le organizzazioni che posseggono sedi, ritrovi, sale di adunanza, teatri, cinema. Ma purtroppo qui i Comuni e le organizzazioni in genere sono per il novanta per cento in mano dei ‹rossi›: e allora, piuttosto che bussare alla porta di quella ciurmaglia, crepo di fame.»

Bevve un lungo sorso di fortanella.

«Questo mi tira un po' su di giri, reverendo» esclamò quasi allegramente. «Ne ho bisogno come non mai! Lei mi capisce: girare dentro quella trappola,

1 **rettificare:** berichtigen, korrigieren.
2 **la mattonella:** Fliese, Kachel.
la marmiglia: Marmorstücke.
8 **la scorta:** Bestand, Vorrat.
10 **diffidare:** misstrauen.
11 **la novità:** Neuheit, Neuigkeit.
13 **la sede:** hier: Vereinssitz, -raum.
il ritrovo: Treffpunkt.
l'adunanza: Versammlung.
17 **la ciurmaglia** (pegg.): Pack, Gesindel.
crepare (volg.): krepieren, verrecken.

con questa foglia di verza addosso, fare chilometri e chilometri di strada schifosa, in mezzo a un deserto di neve, per poi tirare le somme, la sera, e scoprire di averci rimesso il tempo e la benzina!»

Frugò nella borsa e ne trasse un bollettario che aprì e mostrò a don Camillo:

«Guardi, reverendo, il lavoro di tutta la mattinata: ‹*Drogheria Piacini di Torricella* – 'Ceratom' *una grossa*›. Capisce? Dopo aver insistito due ore. A titolo di prova l'han presa. Ma più che altro per mandarmi fuori dai piedi.»

Don Camillo controllò il bollettario e tentennò il capo:

«Davvero c'è poco da stare allegri!»

L'uomo mandò giù un sorso, poi esclamò con vivacità:

«Ho detto la bugia, reverendo! A Fiumetto ho concluso anche un altro affare: il parroco è uno dei pochi che ha le mattonelle in chiesa e allora, a titolo sempre di prova, ne ha comprato una scatola. Piccola, però. Una di queste da due ettogrammi.»

L'uomo mostrò un barattolino a don Camillo e spiegò:

«Ne avevo due in campionario e gliel'ho data diret-

1 **la verza:** Wirsing.
2 **schifoso/a:** widerlich, ekelhaft.
3 **tirare le somme**: die Summe errechnen, zusammenzählen.
4 **rimetterci qc:** etwas verlieren, einbüßen.
5 **il bollettario:** Rechnung, Formular.
12 **tentennare:** hier: schütteln.
15 f. **la vivacità:** Lebhaftigkeit, Lebendigkeit.
18 **il parroco:** Pfarrer.
24 **il campionario:** Muster.

tamente io. Anche perché non ho il coraggio di presentare in ditta un'ordinazione per una scatola piccola!»

Don Camillo considerò con tristezza la scatoletta, poi domandò:

«La grossa è molto grossa?»

L'uomo cavò dalla borsa un barattolo e lo mostrò a don Camillo:

«Un chilo in tutto. Poca roba: ma dato che l'articolo è in fase di introduzione, in ditta sono contenti anche se si riesce a collocarne una scatola a titolo di prova. Certo che, quando uno l'abbia usata, non la molla più di sicuro! È una cera veramente straordinaria.»

Don Camillo credette giunto il momento di prendere la sua decisione:

«Mi piacerebbe provarla» disse. «Ne dia una scatola anche a me.»

L'uomo lo guardò stupito:

«Una scatola? A cosa le serve, reverendo? Per lucidare i mattoni?»

«Qui in casa ho i mattoni, ma in chiesa c'è il pavimento di mattonelle» affermò con orgoglio. «L'abbiamo fatto nuovo l'anno scorso.»

L'uomo sospirò:

«Reverendo, lei è un gran brav'uomo e, pur di aiu-

4 **la scatoletta:** Schächtelchen (dim. zu *la scatola*).
7 **cavare qc:** etwas herausholen.
11 **collocare:** hier: unterbringen.
12 **mollare qc:** etwas aufgeben, hergeben.
14 **giungere:** (an)kommen.
18 **stupito/a:** verwundert, erstaunt.
22 **l'orgoglio:** Stolz.

tarmi, è perfino capace di dire le bugie. La ringrazio: anche questo servirà a tirarmi su di giri. Quando avrà il pavimento di mattonelle, allora si ricordi di me.»

Don Camillo si alzò avviandosi verso l'uscio: l'uomo, mandato giù in fretta quel che restava di fortanella nel bicchiere, agguantò la borsa e lo seguì.

Credeva che fosse un sistema spiccio per dirgli che l'udienza era finita e, giunto fuori dalla porta dell'andito, si accinse ad accomiatarsi, ma don Camillo lo afferrò per un braccio e, fattogli attraversare il sagrato, lo condusse dentro la chiesa.

«Ebbene, c'è o non c'è il pavimento di mattonelle?» domandò trionfante.

L'uomo si chinò e toccò col dito le mattonelle che erano velate e opache.

«Con questo tempaccio, la gente mi porta dentro delle tonnellate di fango. Ma è bellissimo.»

1 **perfino:** sogar.
4 **avviarsi:** sich (schnell) begeben.
l'uscio: Tür, Tor.
6 **agguantare:** ergreifen, packen.
7 **spiccio/a:** kurz, schnell.
8 **l'udienza:** Audienz.
8f. **l'andito:** Flur, Korridor.
9 **accingersi a qc:** sich an etwas machen.
accomiatarsi: sich verabschieden.
9f. **afferrare:** ergreifen, erfassen.
12 **ebbene:** nun, also.
13 **trionfante** (agg.): triumphierend.
14 **chinarsi:** sich bücken, sich hinunterbeugen.
15 **velato/a:** verschleiert, matt.
opaco/a: matt.
16 **il tempaccio** (pegg.): Mistwetter.
17 **il fango:** Schlamm.

Così spiegò don Camillo e, chinatosi, bagnò l'indice della mano destra con la saliva e lo strisciò su una mattonella.

«Vede come luccica? Ma non si può tenerlo sempre tirato a cera. Ce ne vorrebbero delle tonnellate.»

«Tonnellate?» si stupì l'uomo. «E perché?»

«Perché, appena lo si passa con lo straccio umido per togliere la fanghiglia, la cera se ne va.»

L'uomo rise. Aperse la borsa, cavò il barattolo grosso, lo scoperchiò e, con uno strofinaccio tolto fuori dalla stessa borsa, spalmò un sottile velo di «*Ceratom*» su una mattonella. Con un altro strofinaccio tirò la mattonella a lucido. Poi uscì un momentino e rientrò con una manciata di neve.

«Reverendo» disse «vuol provare a bagnare la mattonella?»

Don Camillo sfregò energicamente la neve sulla mattonella fin che la neve fu tutta sciolta. Poi con un cencio asciugò la mattonella e la mattonella rimase luccicante.

1 **l'ịndice** m.: Zeigefinger.
2 **la saliva:** Speichel, Spucke.
strisciare: hier: streichen.
4 **luccicare:** leuchten, glänzen (*luccicante* [agg.]: glänzend, funkelnd).
5 **tirato a cera:** mit Wachs bezogen.
7 **lo straccio:** (Putz-)Lappen, Lumpen.
8 **la fanghiglia:** Matsch, Schlamm.
10 **scoperchiare:** öffnen, aufdecken.
lo strofinaccio: Putz-, Wischtuch.
11 **spalmare:** (be-, ver-)streichen.
il velo: Schleier; hier: Schicht, Film.
14 **la manciata:** Handvoll.
17 **sfregare:** reiben, schrubben.
19 **il cencio:** (Putz-)Lappen, Lumpen.

«Il ‹*Ceratom*›» spiegò l'uomo «è, più che una cera, una vernice che mantiene il lucido alla mattonella ed essendo impermeabile impedisce all'acqua di venire a contatto con la mattonella stessa. Il ‹*Ceratom*› è un impalpabile velo di cristallo disteso sul pavimento.»

Uscì, calpestò una pozzanghera, rientrò, sfregò energicamente la suola sudicia sulla mattonella ceratomizzata trasformandola in una gran macchia di fango.

Poi col cencio tolse il fango e la mattonella riapparve in tutta la sua lucentezza.

«È sufficiente passare il ‹*Ceratom*› sul pavimento una volta ogni dieci giorni» concluse trionfante l'uomo.

Uscirono sul sagrato:

«Grazie dell'ospitalità e arrivederla, reverendo» disse l'uomo facendo l'atto di salire sulla macchina.

Ma don Camillo lo agguantò ancora per il braccio e se lo trascinò dietro in canonica:

«Le bottiglie si incominciano e si finiscono» spiegò. «Bottiglia sturata, bottiglia condannata.»

Tornarono a sedersi davanti al fuoco.

2 **la vernice:** Lack, Farbe.
il lụcido: Glanz.
5 **impalpạbile** (avv.): hauchdünn.
disteso/a: hier: ausgebreitet.
6 **calpestare qc:** etwas betreten, hineintreten.
la pozzạnghera: (Wasser-)Pfütze.
7 **la suola:** (Schuh-)Sohle.
sụdicio/a: schmutzig, verschmutzt.
7f. **ceratomizzato/a** (eigene Wortschöpfung): mit *Ceratom* behandelt.
11 **la lucentezza:** Glanz, Leuchten.
21 **sturato/a:** entkorkt.

«Mi piacerebbe davvero provare» disse don Camillo. «Quanto costa alla scatola?»

«Trecento lire. La piccola.»

«E la grossa?»

«Quattrocentocinquanta. Non c'è proporzione perché la scatola costa quasi lo stesso nel formato piccolo e nel formato grosso. Comunque, reverendo, lasci perdere: non voglio aver l'idea di averle ‹*fatto l'articolo*›. Rimaniamo buoni amici.»

Don Camillo si mise a ridere:

«L'amicizia è una cosa, la cera è un'altra. Ne prendo due scatole. Anzi tre. Tre grosse.»

L'uomo fece di no con la testa:

«O una o niente! Ci tengo all'amicizia. Lei prova il ‹*Ceratom*› e, se le va, mi scrive due righe a questo indirizzo e io le faccio mandare tutte le scatole che vuole.»

«Una o due è la stessa cosa» insisté don Camillo.

«No» affermò l'uomo traendo dalla borsa il bollettario e mettendo a posto la carta carbone per la copia. «Lei non è un bottegaio, e io, trattando con lei, non devo tendere alla quantità ma apprezzare la attestazione di simpatia e di fiducia in sé e per sé. Non guastiamo questa cosa così simpatica.»

5 **la proporzione:** Verhältnis, Proportion.
6 **il formato:** Format, Packung.
8f. **fare l'articolo:** etwas aufschwätzen.
19 **la carta carbone:** Kohlepapier.
20 **il bottegaio / la bottegaia:** Händler(in), Kaufmann, Kauffrau.
trattare: (ver)handeln.
21 **apprezzare:** zu würdigen, zu schätzen wissen.
21f. **l'attestazione** f.: hier: Beweis, Zeichen.
22f. **guastare:** beschädigen, zerstören.

Incominciò a compilare il foglietto dell'ordinazione e don Camillo mise la mano al portamonete:

«Quanto debbo, allora?»

«Niente: io non posso accettare danaro. Lei pagherà quando avrà ricevuto la merce. Reverendo, una grossa allora?»

«Grossa.»

«Ecco fatto: ‹*Ceratom – Una grossa …*›. Controlli e firmi. La firma non per me ma per la ditta, naturalmente.»

Don Camillo firmò e si ebbe il foglietto della copia.

L'uomo levò il bicchiere:

«Grazie a Dio, non è tutta Inferno questa gabbia di ‹rossi› scatenati» esclamò. «E, per chi ha fame, una briciola di pane ha il suo valore perché, se non alimenta il corpo, riesce ad alimentare la speranza. La speranza vive di poco: una briciola di pane condita con la fede nella Divina Provvidenza e avanti. La marcia continua!»

Don Camillo accompagnò l'uomo fino alla macchina e stette a guardarlo partire.

‹Potevo tenerlo qui a desinare!› si rammaricò don Camillo pensando alla briciolina condita con la fede nella Divina Provvidenza.

*

1 **compilare:** ausfüllen.
14 **scatenare:** entfesseln, von der Leine losmachen, freien Lauf lassen.
15 **la briciola:** Krümel, Krume.
18 **la Divina Provvidenza:** göttliche Vorsehung.
22 **desinare:** zu Mittag, zu Abend essen.
rammaricarsi di qc: etwas bedauern, über etwas betrübt sein.

Trascorsero quindici giorni ed ecco che un pomeriggio il corriere arrivò col camion davanti alla canonica, scaricò una enorme cassa, fece firmare a don Camillo una ricevuta e se ne andò.

Don Camillo aprì la cassa e vi trovò dentro centoquarantaquattro scatole di «*Ceratom*» da un chilogrammo l'una.

In possesso di circa un quintale e mezzo di cera per pavimenti, don Camillo arrivò a possedere il giorno dopo anche una lettera della fabbrica del «*Ceratom*»:

«Spettabile Ditta,

come da V/ ordine, numero eccetera, in data eccetera, Vi abbiamo inviato franco di porto una grossa di ‹Ceratom› *al prezzo convenuto di lire 450 al pezzo, abbuonandoVi, a titolo di particolare simpatia, le lire eccetera per l'imposta Generale Entrata, e l'imballaggio. Con la certezza che tutto sia di V/ gradimento e in attesa di V/ ambiti ordini, passiamo a ben distintamente salutarVi.*

Allegata tratta per il pagamento a giorni 30 di lire 64.800 (sessantaquattromilaottocento) salvo errori e omissioni.»

13 **franco/a di porto:** portofrei.
14 **convenuto/a:** vereinbart, ausgemacht.
14f. **abb(u)onare:** hier: erlassen.
16 **l'imballaggio:** Verpackung.
17 **la certezza:** Gewissheit, Sicherheit.
il gradimento: Wohlgefallen, Zustimmung.
18 **ambito/a:** erhofft, ersehnt.
distinto/a: hier: verehrte(r), geehrte(r).
19 **la tratta:** Wechsel.
20 **salvo:** hier: vorbehaltlich.
21 **l'omissione** f.: Auslassung, Unvollständigkeit (*omettere:* weglassen, unterlassen).

In verità di errori non ce n'erano: avevano semplicemente omesso di scrivere in calce alla lettera:

«Abbiamo fatto fesso don Camillo il quale soltanto adesso che ha sul groppone un quintale e mezzo di ‹Ceratom› *si è cautamente informato e ha appreso che* una grossa, *termine commerciale, significa non* una scatola grossa *ma* dodici dozzine di scatole grosse.»

A don Camillo non passò neppure per l'anticamera del cervello l'idea di protestare e di scatenare un can-can. Sua unica preoccupazione fu quella di nascondere gelosamente cento delle centoquarantaquattro scatole di «*Ceratom*» in modo che nessuno in paese potesse sospettare che don Camillo aveva preso una fregatura tale da tener allegro tutto il Comune per almeno trenta o quarant'anni.

Don Camillo conosceva i suoi polli. Se voi andate da quelle parti e vi fermerete nei dintorni di R., vi racconteranno di sicuro una faccenda successa quarant'anni fa: la storia del fabbro che si fece le ali di latta e poi, aiutato da un amico fidato,

2 **in calce** (invar.): unten, am Fuß (eines Schriftstücks).
3 **fare fesso/a qu** (fam.): jdn. für dumm verkaufen, (volg.) verarschen.
4 **il groppone:** Buckel, Rücken.
5 **cautamente:** vorsichtig.
8 **l'anticamera:** Vorzimmer.
9f. **il cancan** (fig.): Lärm, Krach.
10 **la preoccupazione:** Sorge, Besorgnis.
10f. **nascondere:** verstecken, verbergen.
11 **gelosamente:** hier: mit (peinlicher) Sorgfalt, sorgsam.
14 **la fregatura** (fam.): Schwindel, Beschiss.
16 **conoscere i propri polli** (loc.): seine Pappenheimer kennen.
19 **il fabbro:** Schlosser, Schmied.
20 **la latta:** Blech.
fidato/a: zuverlässig, vertraut.

nottetempo salì su un pioppo e si buttò giù. Finì dentro l'acqua delle búdrie e si slogò un braccio. Però la sua prima preoccupazione non fu quella di medicarsi il braccio: egli subito cacciò la mano rimasta efficiente in saccoccia e, cavatone uno scudo d'argento (era una somma grossa quarant'anni fa), disse all'amico: «Per l'amor di Dio non dir niente a nessuno!»

L'amico andò a casa e non disse niente. Passò una notte angosciosa. La mattina dopo, alle cinque, corse dal fabbro e, messogli in mano il suo scudo d'argento, disse con aria angosciata: «Perdonami, ma non posso tacere». E parlò e ancor oggi la gente ne parla e ride come se il fatto fosse successo ieri.

Seconda preoccupazione per don Camillo fu quella di trovare le sessantaquattromila lire da inviare alla fabbrica del «*Ceratom*».

Il guaio è che, per un povero prete strapelato come don Camillo, il cacciar fuori dal gozzo sessantaquattro

1 **nottetempo** (avv.): nachts, bei Nacht.
il pioppo: Pappel.
2 **la búdria** (region.): Wassergraben.
slogarsi: sich verrenken, ausrenken.
4 **medicarsi:** sich behandeln, medizinisch versorgen.
5 **efficiente** (agg.): leistungsfähig, funktionstüchtig.
la saccoccia (region.): (Hosen-)Tasche.
lo scudo: Fünf-Lire-Stück.
10 **angoscioso/a:** beklemmend, quälend.
12 **l'aria:** hier: Miene, Anschein.
angosciato/a: ängstlich, verängstigt.
18 **strapelato/a** (region.): abgebrannt, pleite.
19 **cacciar fuori dal gozzo** (fig.): sich aus den Rippen schneiden (*cacciar fuori:* herausrücken; *il gozzo:* Kropf).

carte da mille è come prendere una martellata in testa. Una martellata in testa ogni giorno, perché i soldi avuti a prestito bisogna restituirli.

Don Camillo tirò la cinghia fin che poté poi, trovandosi nei guai neri a causa d'una scadenza e non sapendo più dove sbattere la testa, l'andò a sbattere contro Peppone.

Lo trovò in officina intento a frugare dentro la pancia di un trattore a cingoli.

«Signor sindaco» spiegò con disinvoltura don Camillo «per l'edificio comunale e per la sua Casa del Popolo non le farebbe comodo qualche scatola di ‹*Ceratom*›, una cera per pavimenti straordinaria? Ci sarebbe una buona occasione. Un amico in difficoltà si è rivolto a me.»

Peppone smise di lavorare e guardò con odio don Camillo.

«Chi è quel vigliacco che ve l'ha detto?» domandò con ferocia.

Don Camillo allargò le braccia.

«Reverendo, badate a tenere chiusa la ciabatta per-

1 **la martellata:** Hammerschlag.
4 **tirare la cinghia** (fig.): den Gürtel enger schnallen.
5 **la scadenza:** Fristablauf, Fälligkeit.
5f. **non sapere dove sbạttere la testa** (fig.): nicht wissen, wen man um Hilfe bitten kann, weder ein noch aus wissen.
9 **il cịngolo:** Raupenkette, Teil eines Raupenfahrzeugs.
10 **la disinvoltura:** Unbefangenheit, Ungeniertheit.
14 **l'occasione** f.: (gute) Gelegenheit, Chance.
18 **il vigliacco:** Feigling, Schuft.
19 **la ferocia:** hier (fig.): Schärfe.
21 **tenere chiusa la ciabatta** (fig.): den Mund halten (*la ciabatta:* Hausschuh, Pantoffel).

ché, se questa storia circola, io me la prendo con voi. Prete avvisato mezzo salvato.»

Don Camillo sospirò:

«Però lo scherzetto della scatola *grossa* e della *grossa* non è mica balorda, compagno sindaco.»

Peppone strinse i pugni:

«Bella forza! Cosa volete che ne sappia di grosse e di piccole un disgraziato che ce la fa appena a leggere e a scrivere? Non ho mica studiato il latino, io!»

«E cosa c'entra? Io l'ho studiato, eppure dentro la mia cantina ho centoquaranta scatole di ‹*Ceratom*›.»

Peppone fece un balzo.

«Ma no!» gridò.

«Ma sì» rispose umilmente don Camillo.

«Parola?»

«Parola.»

Allora Peppone buttò il cappello per terra e vi danzò sopra frenetico. Pareva rinato.

Don Camillo scosse il capo.

«Va bene, ma adesso che lo sai, cosa ci guadagni?»

«Io? Niente! L'importante è che ci perdete voi!»

Don Camillo sospirò.

1 **circolare:** kursieren, umgehen.
4 **lo scherzetto** (iron.): Streich.
5 **non mica:** ja nicht, doch nicht.
balordo/a: dumm, schlecht.
6 **il pugno:** Faust.
12 **il balzo:** Satz, Sprung.
14 **umilmente:** schlicht, einfach.
15 **la parola:** hier: Ehrenwort.
17 f. **danzare:** tanzen.
18 **frenẹtico/a:** frenetisch, stürmisch.
rinạscere: neu geboren, wiedergeboren werden.

«Umana stoltezza! Se ti casca una tegola in testa, perché ti rallegri vedendo il prossimo tuo prendere una tegola in testa?»

«Voi non siete il prossimo mio» affermò Peppone. «Voi siete un nemico del popolo e il danno che riceve il nemico del popolo è un vantaggio per il popolo.»

«Giusto» ammise don Camillo. «E il danno che riceve invece l'amico del popolo va a svantaggio del popolo perché le centoquarantaquattro scatole di ‹*Ceratom*› non le paga il compagno Peppone ma finiscono nel passivo della amministrazione comunale.»

Peppone si piantò davanti a don Camillo.

«No, signor clero! Questa stramaledetta cera la devo pagare io personalmente perché l'ho ordinata io e, se metto in bilancio quelle sessantaquattromila lire, i vostri briganti dell'opposizione mi mettono in croce come Gesù Cristo!»

«Come Barabba» rettificò don Camillo.

Peppone si rimise al lavoro poi, a un tratto, tirò su la testa dal cofano del trattore.

«Reverendo levatemi una curiosità: come si è presentato?»

1 **la stoltezza** (fam.): Blödheit, Dummheit.
cascare: fallen.
2 **rallegrarsi:** sich freuen.
8 **lo svantaggio:** Nachteil, Schaden.
12 **piantarsi:** sich hinstellen, aufpflanzen.
13 **stramaledetto/a** (volg.): Scheiß…
16 **il brigante** (pegg.): Bandit, Gauner.
18 **Barabba:** s. Anm. zu S. 8, Z. 11.
19 **a(d) un tratto:** plötzlich, auf einmal.
20 **il cofano:** Kofferraum.

«Diceva che veniva da parte del comitato. Mi ha portato un opuscolo.»

«Idem con patate!» gridò Peppone. «Comitato anche con me e busta con dentro il ritratto della nuova colomba della pace. Un tipo in gamba davvero! Però, se mi capita sotto le zampe, vi giuro che gli svito il collo!»

Peppone sputò contro il muro, poi riprese gonfio di furore:

«Se mi capita sotto le zampe, lo abbranco per il collo, gli mollo una sventola a cavallo di un'orecchia e poi gli domando: ‹Le va questo tipo? Benissimo, allora gliene spedisco una grossa›.»

Don Camillo non rispose anche perché Peppone aveva fatto due occhi grandi come una ruota da biroccio.

Una Topolino squinternata si era fermata davanti alla porta dell'officina.

«È lui!» disse Peppone con voce strozzata. «Nascondetevi lì dietro. Forse entra. Mi ha visto in Comune. Non sa che l'officina è mia!»

3 **idem con patate** (fig.): das Gleiche in grün (*idem* [lat.]: ebenso, genauso).
5 **la colomba:** Taube.
in gamba (invar., fig.): tüchtig, auf Draht.
6 **svitare:** abschrauben, abdrehen.
9 **il furore:** Wut, Zorn.
10 **abbrancare:** ergreifen, anpacken.
11 **la svẹntola** (fam.): Ohrfeige.
a cavallo di un'orecchia: hier: genau aufs Ohr (*a cavallo:* zu Pferd, rittlings).
15 f. **il biroccio:** Karren.
19 **strozzato/a:** erstickt, gewürgt.

E difatti entrò l'ometto magro, con la foglia di verza addosso e la borsa di pelle in mano.

Quando Peppone si volse e mostrò la faccia, l'uomo cercò di riguadagnare la porta. Ma sulla porta stava a gambe larghe don Camillo.

L'uomo diventò pallido come un morto.

«Vorrei un quarto d'olio per il motore» balbettò.

«Denso o fluido?» si informò Peppone avvicinandosi col misurino al barile con la pompetta.

«Fluido» disse l'uomo tremando.

Peppone riempì il misurino quindi lo porse all'uomo.

«Lo beve qui o preferisce berlo fuori, seduto nella sua macchina?»

L'uomo guardò Peppone e poi don Camillo e il terrore gli riempì gli occhi di lacrime. Comprese che non c'era via di scampo.

«Lo bevo qui» sussurrò. «Fuori, sulla macchina, c'è mia moglie.»

L'uomo prese il misurino e se lo appressò alle labbra.

Allora Peppone glielo strappò di mano e, uscito dall'officina, tirò su il cofano della Topolino e versò l'olio dentro il motore.

1 **difatti:** in der Tat, tatsächlich.
3 **volgersi:** sich umdrehen, (zu)wenden.
7 **balbettare:** stammeln, stottern.
8 **denso/a:** dickflüssig.
fluido/a: flüssig.
9 **il misurino:** Messbecher.
il barile: Fass, Tonne.
la pompetta: Ölkännchen.
14f. **il terrore:** (große) Angst, Schrecken.
16 **la via di scampo:** Ausweg.
19 **appressarsi:** sich nähern.

L'uomo si era appoggiato al banco.

«Può andare» gli disse Peppone rientrando.

«Quanto fa?» ansimò l'uomo.

«Niente: servizio gratis a scopo di far conoscere il prodotto. Vada pure.»

«Cerco di andare, ma mi si è ingranata la messa in moto» spiegò faticosamente il poveretto abbrancato al banco.

«Ma se non ne ha neanche bevuto una goccia!» osservò don Camillo.

«Sì, reverendo» disse l'uomo. «Ma è come se l'avessi bevuto tutto.»

Peppone tolse da un armadietto una bottiglia di *cognac* e ne versò un bicchiere all'uomo che bevve tutto d'un fiato.

Don Camillo gli infilò in bocca un mezzo toscano e, pescando con la tenaglia lunga una brace nella fucina, glielo accese.

L'uomo aspirò qualche boccata, poi si staccò lentamente dal banco.

1 **il banco:** hier: Werkbank, Arbeitstisch.
3 **ansimare:** keuchen.
6 **ingranato/a:** (Motor) festgefressen.
6f. **la messa in moto:** Anlassen, Ingangsetzen.
13 **l'armadietto:** Schränkchen (dim. zu *l'armadio*).
16 **infilare:** hineinstecken.
il toscano: italienische Zigarrenmarke.
17 **la tenaglia:** Zange.
la brace: Glut, Feuer.
la fucina: Schmiedeofen.
19 **aspirare:** einatmen.
la boccata: hier: Zug.
staccarsi: sich entfernen.

«Si marcia?» domandò Peppone.

«La frizione slitta un po'» rispose l'uomo incominciando lentamente a camminare. «Però si incomincia.»

Si rinfrancò strada facendo e, arrivato alla porta, si volse:

«Arrivederci» disse riuscendo a ottenere una voce quasi gioviale. «E quando hanno bisogno di qualcosa, hanno il mio indirizzo.»

«Grazie: per il momento siamo forniti» rispose tra i denti don Camillo.

L'uomo entrò nella macchina e la Topolino partì.

Peppone non era soddisfatto di tutta la faccenda.

«Così» disse a un bel momento «chi ci rimette sono sempre io: voi ve la siete cavata con mezzo sigaro, mentre io ho dovuto dargli olio e *cognac*!»

«Inoltre dovrai prestarmi ottomila lire» disse don Camillo. «Per pagare la cera ho fatto dei debiti e sono nei guai.»

Peppone scosse il capo:

«Non presto soldi!» esclamò. «Se volete le ottomila lire datemi venti scatole di cera.»

«Sfruttatore del clero! Mi freghi mille lire!»

«Prendere o lasciare: gli affari sono affari!»

Don Camillo andò a prendere le venti scatole.

2 **slittare:** rutschen.
5 **rinfrancarsi:** Mut fassen.
8 **gioviale** (agg.): heiter, fröhlich.
14 **rimetterci qc:** etwas einbüßen, verlieren.
23 **lo sfruttatore:** Ausbeuter.
fregare qu (fam.): jdn. anschmieren, bescheißen.

Peppone, quando don Camillo tornò, andò ad aprire lo stanzino dietro la cantina.

«Mettetele lì assieme alle altre centoquaranta» disse Peppone.

Poi richiuse la porta a chiave e domandò:

«Secondo voi, se io glielo avessi lasciato bere, credete che lo avrebbe bevuto?»

«No» rispose don Camillo «perché, se glielo avessi lasciato bere tu, non glielo avrei lasciato bere io.»

«E adesso, cosa ce ne faremo di tutta quella cera?» borbottò Peppone.

«Non mi interessa. Mica dovremo portarcelo dietro, il ‹*Ceratom*›, quando andremo all'altro mondo.»

Impostato così, il problema diventava molto meno grave e Peppone si tranquillizzò.

2 **lo stanzino:** kleines Zimmer (dim. zu *la stanza*).
3 **assieme:** *insieme.*
12f. **portarsi dietro qc:** etwas mitnehmen; (fam.): mitschleifen.
15 **tranquillizzarsi:** sich beruhigen.

La trattoria

Il territorio del Comune arrivava, dalla parte di mezzogiorno, fino allo Stivone, un torrente da quattro soldi ma che correva tra due alti argini perché andava a buttarsi nel grande fiume e, durante le piene, c'era il grave pericolo del rigurgito.

Dall'altra riva del torrente incominciava il territorio del Comune di Castelpiano e, in linea d'aria, tra il

2f. **il mezzogiorno:** hier: Süden.
3 **il torrente:** Wildbach.
3f. **da quattro soldi:** hier (fig.): klein, unbedeutend.
4 **l'ạrgine:** Damm, Deich.
5 **buttarsi:** sich werfen, stürzen.
la piena: Hochwasser.
6 **il rigurgito:** Überquellen, Stauung.

nostro borgo e quello di Castelpiano c'erano sette chilometri. Però, se uno voleva arrivarci per via di terra, doveva sciropparsi quasi dodici chilometri.

Guardando la faccenda dall'alto, ci si rendeva conto facilmente che la prima idea di chi, *temporibus illis*, aveva aperto la strada, era stata appunto quella di unire i due centri con un gran rettifilo. E difatti la strada, partita da Castelpiano, proseguiva per ben tre chilometri puntando decisa alla meta. Sennonché, dopo questi tre mila metri, la strada svoltava a sinistra e poi a destra e poi ancora a sinistra e via discorrendo, perdendosi in una tale schifezza di curve e controcurve da compiere in otto chilometri un percorso che poteva – a regola di logica – esser compiuto soltanto in tre.

Arrivata al Fabbricone, la strada smetteva di far la matta e, allineatasi sui primi tre chilometri, percorreva gli ultimi mille metri e arrivava rinsavita alla meta.

Naturalmente esisteva un antichissimo progetto di

1 **il borgo:** Dorf.
3 **sciropparsi qc** (scherz.): etwas über sich ergehen lassen.
5 **tempọribus illis** (lat.): zu jener Zeit.
7 **il rettifilo:** gerade Strecke, Gerade.
difatti: in der Tat, tatsächlich.
9 **puntare:** hier: zielen, zusteuern.
10 **svoltare:** abbiegen.
11 f. **e via discorrendo:** und so weiter.
12 **la schifezza** (fam.): Widerlichkeit, Mist.
13 **la controcurva:** Gegenkurve.
17 **allinearsi:** sich anpassen, angleichen.
17 f. **percọrrere qc:** etwas durchziehen, durch etwas führen.
18 **rinsavire:** wieder vernünftig werden.

rettifica: un progetto elementare che, dal punto di vista della spesa, rimaneva ampiamente nei limiti del possibile. Si trattava semplicemente di aprire tre chilometri di strada e di costruire un ponte sullo Stivone, a Casalta.

Il progetto, che per un sacco d'anni aveva servito semplicemente da argomento per la propaganda elettorale, nel 1933 era stato messo finalmente in atto: il ponte era stato studiato in ogni suo particolare e il tracciato della rettifica era stato regolarmente picchettato.

E dal picchettamento era risultato che, passato il nuovo ponte sullo Stivone, la strada sarebbe passata a tre metri precisi dalla facciata della casa colonica del Folini.

Il Folini aveva allora quarant'anni e, aiutato soltanto dalla moglie, conduceva le quindici biolche di terra di Casalta: era un lavoro da ammazzarsi e il Folini, che non ne poteva più e che vedeva la sua donna consumarsi come una candela, appena ebbe visti i

1 **la rettịfica:** Berichtigung, Korrektur.
2 **il lịmite:** Grenze.
6 **il sacco di** (fam.): Haufen, Menge.
7f. **la propaganda elettorale**: Wahlpropaganda, -werbung.
10 **il tracciato:** Trasse, Verlauf.
11 **picchettare:** abstecken, mit Pflöcken markieren (*il picchetto:* Pflock; *il picchettamento:* Absteckung).
14 **la facciata:** Fassade, Vorderfront.
colonico/a: Bauern…
17 **condurre:** betreiben, bearbeiten.
la biolca: alte landwirtschaftliche Maßeinheit (heute noch in einigen norditalienischen Gebieten verwendet).
18 **ammazzarsi:** sich umbringen.

picchetti piantati attraverso i suoi campi dai geometri e quando ebbe ricevuto, dalla pubblicazione del progetto definitivo, conferma che la strada sarebbe passata davanti a casa sua, non ci pensò sopra neanche un minuto: si tenne la casa e una fetta di area fabbricabile da tutt'e due i lati della futura strada, e vendette il resto.

«È arrivato il nostro momento» spiegò alla moglie. «Arrangiamo per bene la casa e ne tiriamo fuori una trattoria in gamba. L'area fabbricabile lungo la strada rimane nostra, così evitiamo che qualcuno apra vicino a noi un'altra trattoria per farci concorrenza. Tutto il traffico, appena finita la rettifica, passerà di qui: il mercato di Castelpiano è il più importante della zona e noi potremo vivere senza doverci scannare.»

Anche alla donna l'idea di aprire una trattoria faceva gola parecchio: liquidato tutto quello che c'era da liquidare, il Folini e la moglie incominciarono la trasformazione della casa. Il padre della donna era muratore: da qualche tempo non lavorava più perché aveva passato i sessanta ma, dato il caso speciale, ri-

1 **il geọmetra:** Geometer, Vermessungstechniker.
5 **tenersi qc:** etwas behalten.
5 f. **l'ạrea fabbricabile:** Bauland.
6 **futuro/a:** zukünftig.
9 **arrangiare:** herrichten, zurechtmachen.
10 **in gamba:** hier (fig.): erstklassig, vorzüglich.
15 **scannarsi:** sich völlig verausgaben.
16 f. **fare gola a qu** (fig.): jdn. reizen, verlockend für jdn. sein.
17 **liquidare:** abwickeln, erledigen.
18 f. **la trasformazione:** Umwandlung.
21 f. **riprẹndere:** wieder (zur Hand) nehmen.

prese la cazzuola: lo Stivone stava lì a due passi per la sabbia e la ghiaia e il Folini s'era tenuto il cavallo e il carretto. Aiutato dalla figlia e dal genero che funzionavano da manovali, il vecchio si mise all'opera.

Ci impiegarono più d'un anno per sistemare la faccenda, ma la cosa riuscì bene parecchio. E, quando anche i serramenti, il mobilio, la cucina, la cantina eccetera, furono a posto, il Folini impostò il problema più importante:

«Come la chiamiamo?»

Il vecchio non aveva idee in proposito ma, sollecitato, suggerì di chiamarla «Trattoria Garibaldi».

La moglie del Folini bocciò la proposta perché non voleva che all'impresa fosse mischiata la politica. Per lei «Cucina casalinga» sarebbe andato perfettamente.

Il Folini era difficile da accontentare e don Camillo che, in tenuta da cacciatore, era arrivato lì Dio sa come, trovò i due a discutere animatamente.

«Litigate?» domandò.

«No, stiamo cercando il nome.»

1 **la cazzuola:** Maurerkelle.
2 **la ghiaia:** Kies.
3 **il carretto:** Karren, Wägelchen.
4 **il/la manovale:** Hilfsarbeiter(in).
7 **i serramenti** m. pl.: Fenster und Türen eines Gebäudes.
il mobilio: Mobiliar.
11 f. **sollecitare qu:** jdn. bitten, drängen.
12 **Garibaldi:** Giuseppe G. (1807–82), Freiheitskämpfer für die nationale Einheit Italiens; wird als Nationalheld verehrt.
13 **bocciare:** hier: verwerfen, ablehnen.
14 **mischiare:** vermischen, hineinbringen.
17 **la tenuta da cacciatore:** Jagdanzug.
18 **animatamente:** lebhaft, angeregt.

«Che nome?»

«Il nome del locale.»

Don Camillo non sapeva niente e allora, dopo aver ottenuta l'assicurazione che non ne avrebbe parlato ad anima viva, i Folini gli fecero visitare la casa.

«Reverendo, non vi pare una bella idea?» disse alla fine il Folini.

«Bella idea certamente» borbottò don Camillo. «Però, io avrei incominciato una volta fatta la strada.»

«La faranno, è questione di mesi» replicò il Folini. «E allora sarà un colpo grosso.»

Correva l'anno 1934: nel 1939 il padre della moglie del Folini morì senza aver avuto la consolazione di vedere incominciati i lavori della nuova strada. Nessuno l'aveva più in mente, la rettifica.

Poi scoppiò la guerra e i Folini non ebbero più neppure il coraggio di pensare che la rettifica potesse essere iniziata prima della fine del flagello.

«Bisognerà aver pazienza» diceva il Folini «finita la guerra ogni cosa andrà al suo posto.»

Intanto già da parecchi anni il Folini, finiti i soldarelli, si arrangiava come bracciante. Tutte le mattine andava al lavoro e, prima di mettersi in cammino attraverso i campi, diceva alla moglie:

6 **il reverendo:** Hochwürden.
8 **borbottare:** murmeln, brummen.
10 **replicare:** erwidern, entgegnen.
12 **cọrrere:** hier: (Zeit) verstreichen.
18 **il flagello:** Geißel (des Krieges).
21 f. **i soldarelli** (nur pl., scherz.): Geld.
22 **il/la bracciante:** Tagelöhner(in).

«Mi raccomando.»

«Non ci pensare» rispondeva la donna.

E, partito il marito, incominciava a spazzare e lucidare e spolverare.

Il fatto che la «Trattoria del Sole» sorgesse in mezzo a una boscaglia, nel posto più desolato e deserto della terra, non aveva nessuna importanza. La strada non c'era ma l'avrebbero fatta finita la guerra, e allora ogni cosa doveva essere perfettamente a posto.

*

Ful si inabissò dentro un macchione di gaggìe e don Camillo lo seguì schiantando i rami come un carro armato.

Dopo un lungo e faticoso andare, don Camillo sbucò in una radura. Una fascia di tappeto verde e soffice. Un rettangolo esattamente squadrato, con una linda casetta verso il mezzo d'uno dei lati lunghi.

1 **mi raccomando:** hier: pass gut auf.
3f. **lucidare:** polieren, bohnern.
6 **la boscaglia:** Dickicht, Gehölz.
desolato/a: ausgestorben, gottverlassen.
11 **inabissarsi:** sich in etwas stürzen.
il macchione: großer Fleck, Ansammlung (accr. zu *la macchia*).
la gaggịa: Akazie.
12 **schiantare:** entwurzeln, ausreißen.
14f. **sbucare:** herauskommen.
15 **la radura:** Lichtung.
la fascia: hier: Streifen.
15f. **sọffice** (agg.): weich.
16 **squadrato/a:** eckig.
16f. **lindo/a:** ordentlich, gepflegt.

S'incamminò verso la casa e un vecchio dai baffi bianchi apparve e gli venne incontro.

«Guarda un po', Folini! Vi credevo morto chi sa dove. Come mai non vi siete mai più fatto vedere in chiesa? Eppure eravate un buon cristiano.»

«Lo sono ancora, reverendo. Ma non ho un minuto di tempo.»

«E cosa fate di bello?»

«Lavoro un po' dappertutto e il poco tempo che mi resta me lo porta via l'esercizio. Bisogna pure che dia una mano a quella poveretta di mia moglie.»

Don Camillo guardò perplesso il Folini.

«Non capisco bene di che esercizio parlate.»

«La trattoria» spiegò il Folini.

Erano arrivati alla casa che aveva sul davanti un bel pergolato con sotto le tavole e le panche pitturate di verde.

«Reverendo, vi ricordate quando vi ho mostrato il locale vent'anni fa? Guardate un po' adesso!»

Don Camillo seguì il Folini e si trovò in una bella sala pitturata di fresco con un alto zoccolo di legno lucido tutt'attorno alle pareti, le tendine a scacchi bianchi e rossi alle finestre, i tavolini ben disposti e, su ognuno di essi, un vasetto di fiori di campo.

1 **incamminarsi:** sich auf den Weg machen.
12 **perplesso/a:** perplex, verblüfft.
16 **il pergolato:** Laube, Pergola.
la panca: Sitzbank.
pitturare: anstreichen, bemalen.
21 **lo zọccolo:** Sockel.
22 **attorno** (avv.): rundherum, ringsherum.
a scacchi m. pl.: hier: im Schachbrettmuster.

Dirimpetto all'entrata un grande banco dietro al quale c'era una scansia piena di bottiglie.

«Non avete l'idea dei sacrifici che ci è costato, ma non bisogna lasciarsi superare dai tempi se si vuol andare avanti. Adesso la gente esige cose semplici, allegre, moderne. Ho già pronto anche tutto l'impianto elettrico compreso il ventilatore e l'aspiratore per il fumo: quando faranno la strada metteranno di sicuro la linea e così io non avrò che da allacciarmi.»

Passarono in cucina.

«Vedete, reverendo? Mattonelle bianche, cucina economica e cucina a bombola di gas. E anche il suo bravo frigorifero elettrico. Ho già pagato cinque rate. È dura ma ce la caverò.»

Apparve una vecchia piccola e un po' curva, con un fazzoletto sui capelli e un candido grembiale davanti.

«Avete visto, reverendo?» disse la vecchia. «E del gioco delle bocce cosa ve ne pare?»

Uscirono: dietro la casa vi era un ampio giardino con un grande pergolato e con due giochi di bocce affiancati, lisci come biliardi.

1 **il banco:** Theke, Tresen.
2 **la scansịa:** Regal.
5 **esịgere:** verlangen, fordern.
7 **l'aspiratore** m.: hier: Absauggerät.
9 **allacciare:** anschließen, verbinden.
11 **la mattonella:** Fliese, Kachel.
13 **la rata:** Rate.
15 **curvo/a:** krumm, gebeugt.
16 **cạndido/a:** schneeweiß.
il grembiale (eigtl. *il grembiule*): Schürze.
20f. **affiancato/a:** nebeneinander, Seite an Seite.
21 **il biliardo:** Billard(tisch).

«Sono vent'anni che ci sacrifichiamo» spiegò il Folini «ma c'è la soddisfazione di avere un locale che non ha concorrenti in tutta la zona. Se mi va bene un certo affaretto e prendo la mediazione, metteremo qui fuori tutta l'illuminazione con quei tubi bianchi moderni che fanno una luce meravigliosa e consumano metà delle altre lampade.»

«Prima delle lampade bianche» esclamò severamente la vecchina «devi sistemare il pozzo. Quello sì che è necessario!»

«Bella roba!» ridacchiò il Folini «il pozzo è fatto, la pompa funziona, mancano soltanto il serbatoio e la conduttura fino alla cucina, al lavandino e al gabinetto di decenza.»

Si rivolse a don Camillo:

«Ne avremo uno di quelli moderni, di smalto bianco e con l'acqua, all'inglese. Se si vuol lavorare bisogna fare così.»

«Reverendo, accomodatevi» disse la vecchia. «Preferite un bicchiere di vino bianco o rosso?»

«Abbiamo del vino di vent'anni» spiegò trionfalmente il vecchio. «Non lo trovate da nessuna parte.»

«Grazie, niente vino. Soltanto un bicchiere d'acqua.»

La vecchia si allontanò e don Camillo si sedette a

4 **l'affaretto:** Geschäftchen (dim. zu *l'affare*).
la mediazione: Vermittlung(sgebühr).
5 **il tubo:** Röhre, Schlauch.
8 **esclamare:** ausrufen.
11 **ridacchiare:** kichern.
12 **il serbatoio:** (Wasser-)Tank.
14 **la decenza:** Anstand.
21 f. **trionfalmente:** triumphierend.

un tavolo sotto il pergolato. Non sapeva cosa dire. Anzi, non sapeva neppure se fosse opportuno o meno parlare.

«Folini» disse alla fine «è bellissimo tutto quello che mi avete fatto vedere. Però io, se fossi in voi, adesso lascerei le cose come stanno e riprenderei quando avessero incominciati i lavori della nuova strada.»

Il Folini fece segno di no scuotendo la testa:

«In commercio bisogna essere come a caccia: sempre col fucile carico, pronto a sparare. Il giorno in cui cominciano i lavori noi dobbiamo essere in grado di aprire l'esercizio. Così ci facciamo subito dei clienti con gli operai della strada, con gli ingegneri del ponte e via discorrendo.»

Don Camillo sospiro:

«Folini, ragionate un momentino. Sono vent'anni che voi e vostra moglie state dando il sangue per questa trattoria. E da vent'anni voi aspettate inutilmente che incomincino i lavori della strada. Folini: e se non li incominciassero mai?»

La vecchia era arrivata, silenziosa come un'ombra: depose davanti a don Camillo il vassoio di ottone luccicante con la brocca piena d'acqua fresca e il bicchiere.

«Reverendo» disse la vecchia «l'importante è aver fede. Noi non chiediamo niente di impossibile. Se

19f. **inutilmente:** unnötigerweise, vergeblich.
23 **l'ottone** m.: Messing.
23f. **luccicante** (agg.): glänzend, funkelnd.
24 **la brocca:** Kanne, Krug.

fanno le strade bucando le montagne, perché non dovrebbero fare tre chilometri di strada attraverso i campi? Se in questi vent'anni ci fossimo messi a sbadilare io e il mio uomo, l'avremmo già fatta noi da soli questa benedetta strada. Noi siamo sicuri che la Divina Provvidenza ci aiuterà e fra poco incominceranno i lavori della strada. Non è vero?»

«Sicurissimo!» esclamò con vivacità il vecchio al quale era rivolta l'ultima domanda. «Oramai è questione di mesi, al massimo!»

Don Camillo bevve la sua acqua e si alzò.

«Aspettate, reverendo, vi vado a cogliere quattro pere» disse il Folini. «Un minuto soltanto.»

Quando il vecchio si fu allontanato, la donna si appressò a don Camillo:

«Per l'amor di Dio, reverendo» sussurrò «non gli mettete dei dubbi a quel poveruomo. Sono vent'anni che vive soltanto per la sua trattoria. Non me lo fate morire di crepacuore.»

La vecchia disparve silenziosa e poco dopo arrivò il Folini col cestello delle pere.

Uscirono assieme nella radura soffice e verde, cam-

1 **bucare:** durchstoßen, durchlöchern.
3f. **sbadilare** (region.): schaufeln (*il badile:* Schaufel).
6 **la Divina Provvidenza:** göttliche Vorsehung.
8 **la vivacità:** Lebhaftigkeit, Lebendigkeit.
9 **or(a)mai:** nun, jetzt.
14f. **appressarsi a qc/qu:** sich etwas/jdm. nähern.
16 **sussurrare:** flüstern, raunen.
19 **il crepacuore:** Kummer, gebrochenes Herz.
20 **disparire:** verschwinden.
21 **il cestello:** Körbchen.
22 **assieme:** *insieme*.

minarono in silenzio fino all'inizio del sentiero nella boscaglia di gaggìe:

«Reverendo» sussurrò il Folini «non vi fate più sentire a parlar così. Quella poveretta vive soltanto nella speranza che facciano la strada. Non avvelenatele l'anima.»

*

«Gesù» esclamò impetuosamente don Camillo quando fu davanti al Cristo dell'altar maggiore «volete vedere l'uomo più cretino del mondo?» Si pestò due manate sul petto e spiegò: «Eccolo qui!»

«Chi si umilia sarà esaltato» rispose sorridendo il Cristo.

Don Camillo era furibondo:

«Gesù» implorò «fatemi una grazia. Mettetemi in condizioni di prendermi a calci da solo.»

«Non posso assecondare insani propositi di violenza. Non ti maltrattare, don Camillo. Ama il prossimo tuo come te stesso. Ama te stesso come il prossimo tuo.»

1 **il sentiero:** Pfad, Weg.
7 **impetuosamente:** heftig, ungestüm.
9 **pestarsi:** sich schlagen.
10 **la manata:** Schlag mit der Hand.
11 **umiliarsi:** sich demütigen, erniedrigen.
esaltare: preisen.
13 **furibondo/a:** wild, heftig.
14 **implorare:** flehen, bitten.
15 **prẹndere qu a calci:** jdn. treten, mit Fußtritten traktieren.
16 **assecondare:** unterstützen, fördern.
insano/a: ungesund.
il propọsito: Vorsatz, Absicht.
17 **maltrattarsi:** sich misshandeln, schlecht behandeln.

«No, Signore, io non posso amare un cretino come don Camillo!»

«Al contrario, don Camillo: amalo più d'ogni altro perché egli, che crede di insegnare la via della fede agli altri, talvolta esce di strada e non se ne avvede.»

Don Camillo protestò fieramente:

«Signore, sono stupido, sì, ma la strada della fede la conosco bene!»

«Chi si esalta sarà umiliato: alla prima occasione spiegagli anche questo a don Camillo» sussurrò il Cristo.

A dire il vero, l'occasione non si fece aspettare: verso le cinque del pomeriggio, lo Smilzo venne ad appiccicare al muro della canonica un manifesto. Don Camillo se ne accorse subito e balzò fuori con intenti piuttosto bellicosi.

«*Cittadini*» incominciava il manifesto «*l'amministrazione democratica ha l'orgoglio di annunciarvi che una vostra grande aspirazione sta per diventare realtà. Domani avranno inizio i lavori per la rettifica della strada di Castelpiano …*»

«Guarda e impara, pezzo di stupido!» esclamò don Camillo.

5 **talvolta:** manchmal, bisweilen.
avvedersi: bemerken.
6 **fieramente:** stolz.
9 **l'occasione** f.: (gute) Gelegenheit, Chance.
13 **appiccicare:** ankleben.
la canọnica: Pfarrhaus.
14 **balzare fuori:** herausspringen.
l'intento: Absicht, Vorhaben.
15 **bellicoso/a:** kampflustig, streitlustig.
17 **l'orgoglio:** Stolz.
18 **l'aspirazione** f.: Wunsch, Hoffnung.

Lo Smilzo che s'era fermato a guardare a distanza prudenziale domandò:

«Come dite, reverendo? C'è qualcosa che non vi va?»

«Non parlo con te.»

«De gustibus non disputoribus» affermò lo Smilzo risalendo in bicicletta. «C'è anche gente che si diverte a parlare da sola.»

«Gesù» disse don Camillo quando fu arrivato di corsa davanti all'altar maggiore. «Bisogna che io vada subito a portare quel manifesto ai Folini!»

«Non occorre» rispose il Cristo. «Essi non hanno mai avuto dubbi. Sempre hanno fermamente pensato che la strada sarebbe stata fatta. Ti hanno parlato a quel modo solo perché sapevano che tu non potevi credere in una fede così profonda. Sapevano che tu li avresti giudicati pazzi.»

Don Camillo abbassò il capo:

«Gesù» balbettò «in una cosa del genere, come si fa a capire se si tratta di fissazione o di fede nella Divina Provvidenza?»

«Son cose che non si possono capire ma si possono solo sentire. Impara a diffidare del buon senso, don Camillo. Molte volte esso è soltanto senso comune.»

2 **prudenziale** (agg.): Sicherheits…
6 **de gustibus non disputoribus** (lat.): über Geschmack lässt sich nicht streiten.
7 **risalire:** wieder aufsteigen.
13 **fermamente:** hier (fig.): entschlossen, entschieden.
18 **il capo:** Haupt, Kopf.
19 **balbettare:** stammeln, stottern.
20 **la fissazione:** Fixierung.
23 **diffidare:** misstrauen.

Don Camillo si allontanò rattristato. Ma ben presto pensò alla radura verde in mezzo alla boscaglia di gaggìa. Pensò alla strada che avrebbe tagliato la boscaglia e la radura verde e si sentì il cuore leggero.

1 **rattristato/a:** traurig gestimmt, betrübt.
3 **tagliare:** zerschneiden.

Un pacchetto di «Nazionali»

Gigi Prati era un tipo spiccio e non ci metteva niente a voltare pagina passando dalle parole ai fatti.

Non si poteva neppure dire che fosse cattivo: bisognava badare a non pestargli i calli. Ecco tutto.

In paese tutti conoscevano il difetto della bestia, eccettuato l'affittuario Gollini che era arrivato fresco fresco da un altro Comune e non aveva ancora avuto il tempo di orizzontarsi.

E così accadde fatalmente che il Gollini pestò i calli a Gigi Prati.

Gigi Prati viveva con quel che riusciva a cavar fuori da un pezzetto di terra confinante col podere condotto dal Gollini: un giorno, mentre stava lavorando lungo il fosso che segnava il limite sud del suo poderetto, si sentì chiamare ed era il Gollini:

1 **i Nazionali** m. pl.: italienische Zigarettensorte.
2 **spiccio/a:** kurz, schnell; hier (fig.): barsch, kurz angebunden.
5 **pestare i calli a qu** (fig.): jdm. auf die Füße, den Schlips treten (*pestare:* verhauen, verprügeln; *il callo:* Hühnerauge).
7 **eccettuato/a:** ausgenommen, abgesehen von.
l'affittuario: Pächter.
9 **orizzontarsi:** sich orientieren.
10 **accadere:** geschehen, sich ereignen.
fatalmente: verhängnisvoll, schicksalsträchtig.
12 **cavare qc:** etwas herausholen.
13 **il podere:** Landgut, Gutshof (dim. *il poderetto*).
15 **il fosso:** (Wasser-)Graben.
il limite: Grenze.

ESPORTAZIONE

«Ehi, quell'uomo!» disse il Gollini dall'altra parte del fosso «quei pioppi lì non sono in regola. Bisogna che li caviate.»

Gigi Prati si avvicinò al fosso:

«Che novità sono queste? Nessuno mi ha mai detto niente.»

«Ve lo dico io: devono stare a tre metri di distanza dal lato mio. Adesso saranno sì e no a un metro e mezzo. Quindi bisogna cavarli.»

Gigi Prati era già in pressione:

«Io non cavo niente: l'ombra la danno tutta a me e quindi il danneggiato sono io.»

«I vostri affari non mi interessano, mi interessano i miei: il mio diritto è che ci siano tre metri fra le piante e il confine. E al mio diritto non rinuncio.»

«Allora» gridò Gigi Prati «se i miei pioppi vi danno fastidio, venitelí a cavare voi. Attenzione però: quello è un fosso che funziona soltanto per il viaggio d'andata. Indietro non si torna.»

«Staremo a vedere» rispose il Gollini.

Per quella volta finì lì e andò anche troppo bene.

La seconda volta la faccenda andò meno bene perché il Gollini e Gigi Prati, pur rimanendo ognuno nella propria giurisdizione, se ne dissero un sacco e una sporta.

2 **il pioppo:** Pappel.
5 **la novità:** Neuigkeit.
10 **la pressione:** Druck, Blutdruck.
22 **la faccenda:** Angelegenheit, Sache.
24 **la giurisdizione:** Zuständigkeit(sbereich).
dirsi un sacco e una sporta (fig.): sich eine Menge und noch mehr sagen (*il sacco:* der Sack, [fig.]: eine Menge; *la sporta:* Einkaufstasche, -korb).

La terza volta che s'incontrarono, il Gollini si inviperì e, cavato un grosso palo di gaggìa, saltò il fosso. Gigi Prati aveva tra le mani la zappa e il Gollini finì per terra con la testa spaccata.

L'urlo che il Gollini lanciò prima di cadere fece accorrere gente e Gigi Prati, mollata la zappa, scappò.

Due ore dopo il maresciallo lo veniva a prelevare a casa:

«Dagli e dagli, a forza di far delle bullate, ci sei riuscito a combinare il guaio grosso!» gli disse il maresciallo.

Gigi Prati spiegò che si era limitato alla legittima difesa:

«È stato lui a provocarmi e poi a minacciarmi» affermò. «Tanto è vero che, mentre io non mi sono mosso, lui ha saltato il fosso per venirmi a spaccare la testa con un bastone.»

«Se fosse così non te la caveresti neanche male» borbottò il maresciallo. «Il guaio è che, a quanto risulta dalla denuncia del Gollini, sei stato tu a saltare il

1f. **inviperirsi:** wütend werden, in Wut geraten.
2 **il palo:** Pfahl, Latte.
la gaggia: Akazie.
3 **la zappa:** Hacke.
5f. **accorrere:** herbeieilen, -laufen.
6 **mollare:** hier: loslassen.
7 **prelevare qu:** jdn. abholen, -führen.
9 **dagli e dagli** (fam.): immer drauf(gehauen).
a forza di: mit.
la bullata (region.): Dreistheit, halbstarkes Gehabe (*il bullo:* Halbstarker).
10 **il guaio:** Unglück, Ärger, Pech.
12f. **la legittima difesa:** Notwehr.
19 **borbottare:** murmeln, brummen.

fosso e ad aggredire proditoriamente il Gollini che stava sul ciglio del fosso, dalla parte del suo podere.»

«E come ha fatto a cascare nella parte mia?» gridò Gigi Prati.

«Non ci è caduto. Sei persone hanno testimoniato che il Gollini giaceva con la testa rotta dentro il fosso.»

Gigi allora precisò:

«Sì, sì, maresciallo, anche io l'ho visto cadere dentro il fosso. Però ci è caduto dopo essere passato dalla parte mia. Quindi quello che ha aggredito è lui: io mi sono difeso. E poi è facile controllare: ci saranno per forza i segni delle sue pedate per terra.»

Il maresciallo scosse il capo:

«Quando siamo arrivati noi, già cinquanta o sessanta persone avevano camminato sul ciglio del fosso. Non si può fare più nessun rilievo. Oltre al resto il Gollini proprio due giorni fa mi ha scritto una lettera per avvertirmi che era preoccupato in quanto tu lo avevi ripetutamente minacciato. Mi dispiace ma, se tu non hai qualche testimone a tuo favore, sei fritto.»

Il Prati allargò le braccia:

1 **aggredire:** angreifen, überfallen.
proditoriamente: heimtückisch, meuchlerisch.
2 **il ciglio:** Rand.
3 **cascare:** (hin)fallen.
6 **giacere:** liegen.
rotto/a: kaputt.
8 **precisare:** präzisieren, klarstellen.
13 **la pedata:** Fußabdruck, -spur.
17 **il rilievo:** hier: Messung, Spurensicherung.
20 **ripetutamente:** wiederholt.
21 **essere fritto/a:** hier (fig.): geliefert sein.

«Di testimoni a mio favore c'è soltanto il Padreterno.»

«Capisco, è un testimone importante ma è difficile convocarlo in tribunale.»

*

Celestino, il figliolo del Prati, era in montagna dai nonni, quando accadde il fatto: doveva fermarsi soltanto un mese, invece lo tennero lassù tutta l'estate. Lo rispedirono a casa quando incominciarono le scuole.

Celestino tornò e, non vedendo apparire suo padre, domandò dove fosse.

«Ha degli affari in città» gli spiegò la madre. «Tornerà fra una settimana.»

Poi, siccome le settimane passavano senza che il padre desse notizia di sé e siccome Celestino insisteva, la madre fece al bambino un discorso molto serio:

«Non sei più un bambino, sei in terza e devi comportarti come si comportano i grandi. Tuo babbo è malato, una malattia molto grave. Qui non lo si poteva curare perché occorre la macchina dei raggi e adesso lo curano all'ospedale in città. Bisogna lasciarlo tranquillo, non disturbarlo e pregare Dio che lo faccia guarire presto.»

Celestino rimase molto colpito dalla rivelazione della madre e aveva una voglia matta di mettersi a

1f. **il Padreterno:**: Ewiger Vater, Gott.
4 **convocare qu:** einberufen.
5 **il figliolo:** Söhnchen.
7f. **rispedire:** zurückschicken.
19 **la macchina dei raggi:** Röntgengerät.
23 **la rivelazione:** Enthüllung.

piangere. Però, siccome era già in terza e quindi doveva comportarsi come i grandi, mandò giù le lacrime e, per una settimana, non parlò più del padre.

Quando si azzardò a domandare come stesse, la madre gli assicurò che aveva migliorato. Poco poco: però un miglioramento c'era stato.

E così, tra miglioramenti e ricadute, la madre si destreggiò abilmente per un paio di mesi e Celestino avrebbe continuato chi sa mai quanto a credere nella malattia del padre se il paese non fosse stato il solito paese di campagna e se, nei soliti paesi di campagna, non esistessero i soliti càncheri di donne che hanno succhiato il latte non dalla loro madre bensì da una serpentessa.

In tutti i paesi dell'universo esistono queste donne maledette che hanno al posto del cuore una letamaia e che posseggono una loro tecnica raffinata per far del male al prossimo.

Celestino, una sera, stava tornando a casa da scuola, quando si trovò a dover fare un pezzo di strada as-

2 **mandare giù:** runterschlucken.
4 **azzardarsi:** etwas wagen, riskieren.
6 **il miglioramento:** Besserung.
7 **la ricaduta:** Rückfall.
7 f. **destreggiarsi** (fam.): zurechtkommen, sich durchschlängeln.
8 **abilmente:** tüchtig, tauglich.
10 **sọlito/a:** üblich, gleich.
12 **il cạnchero:** kränkende, unerträgliche Person.
13 **succhiare:** saugen, trinken.
bensì: sondern, hingegen.
14 **la serpentessa:** (weibliche) Schlange.
16 **maledetto/a** (fam.): verflucht, verflixt.
la letamaia: *il letamaio:* Misthaufen, Schweinestall.
20 f. **assieme:** *insieme.*

sieme a un gruppetto di queste comari che stavano camminando verso la chiesa.

«Povera creatura!» gemette una delle donne indicando Celestino alle altre.

«Chi è?» si informarono le vecchie.

«È il figlio di Gigi Prati, quello che adesso è in galera. Chi se lo immaginerebbe? Un bambino così bravo e quieto, figlio di quel lazzarone!»

Celestino tornò a casa di corsa ma non disse niente a sua madre: era scolaro di terza, era già grande oramai e i grandi tengono le cose per sé e non le raccontano in giro.

Però aveva voglia di parlarne con qualcuno, di sentire come stessero le cose. Andò avanti così per un mese lottando col suo segreto che voleva scappargli fuori a ogni costo e sempre riuscì a dominarsi.

Ma arrivò il sabato in cui andò a confessarsi e, quando don Camillo gli domandò se era ben sicuro di non aver altri peccati oltre quelli già denunciati, Celestino sussurrò:

«Sì ...»

«E perché non lo dici?»

«È un peccato grosso» disse Celestino.

1 **la comare:** Klatschbase.
3 **la creatura:** Kreatur; hier: Kind.
gẹmere: stöhnen.
6f. **la galera** (fam.): Zuchthaus, Knast.
8 **quieto/a:** ruhig, still.
il lazzarone (fam.): Schurke, Schuft.
10f. **or(a)mai:** nun, jetzt.
11f. **raccontare in giro:** herumerzählen.
16 **dominarsi:** sich beherrschen.
20 **sussurrare:** flüstern, raunen.

«Avanti: se hai avuto il coraggio di fare il peccato, devi avere anche il coraggio di confessarlo.»

Celestino esitò e poi disse:

«Mio babbo non è all'ospedale, è in galera.»

Don Camillo fece un balzo nel confessionale:

«Chi te l'ha detto?» domandò quando si fu ripreso.

«La Desolina del Cantone. Parlava con delle altre donne ma io ho sentito.»

«Ho capito: intanto non è affatto vero che tuo padre è in galera. È semplicemente in prigione.»

Celestino si sentì un po' risollevato.

«E poi» continuò don Camillo «non è un peccato, tu non c'entri. Stai tranquillo e non dire niente a nessuno. Specialmente a tua madre.»

«Mia mamma non lo sa che mio babbo è in prigione?» si informò ansioso Celestino.

«No» rispose don Camillo. «Lei crede che sia all'ospedale.»

«Cosa ha fatto per andare in prigione?»

«Ha dato una bastonata in testa all'affittuario che abita vicino a voi.»

«Gollini?»

«Sì.»

«Allora ha fatto bene» disse Celestino.

5 **il balzo:** Satz, Sprung.
il confessionale: Beichtstuhl.
6 **riprẹndersi:** sich erholen, sich wieder fassen.
11 **risollevato/a:** ermuntert, aufgebaut.
13 **entrarci:** damit zu tun haben.
16 **ansioso/a:** ängstlich, besorgt.
20 **la bastonata:** Stockschlag, -hieb.

«Ha fatto malissimo, invece!» esclamò don Camillo. «Ha fatto una bruttissima cosa! E tu devi pregare Iddio che perdoni tuo padre e che lo mantenga sempre lontano dall'ira e dalla violenza.»

Celestino andò a inginocchiarsi sul gradino dell'altar maggiore e, dopo aver fatta la sua penitenza, sussurrò:

«Gesù, mio babbo ha dato una bastonata in testa a Gollini: se sapeste che uomo cattivo è Gollini, voi perdonereste subito a mio babbo.»

*

Passarono ancora delle settimane e dei mesi e, vedendo che il padre non tornava, a Celestino venne un'idea.

Un'idea da scolaro di terza, da grande.

E, una mattina alle quattro, saltò sulla bicicletta e puntò decisamente verso la città.

C'era già stato con suo padre, un'altra volta, ricordava dove avevano messe le biciclette, nello stallo poco prima della barriera.

Se la cavò abbastanza bene. Ma, messa giù la bicicletta, ecco il difficile. Bisognava trovare il tipo adatto e fermarlo e farsi insegnare la strada.

1 **esclamare:** ausrufen.
3 **l'Iddio:** (Herr-)Gott.
perdonare: vergeben, verzeihen.
3f. **mantenere lontano qu:** jdn. fernhalten.
4 **l'ira:** Wut, Zorn.
5 **inginocchiarsi:** (sich) niederknien.
il gradino: Stufe.
6 **la penitenza:** Buße, Strafe.
15 **puntare:** hier: zielen, zusteuern.
17 **lo stallo:** Ständer.

Incontrò finalmente un prete e lo fermò:

«Per favore, dove si va per andare alla prigione?»

Il prete lo prese per mano e lo accompagnò fin davanti a un gran portone.

«Ecco» disse dopo aver suonato il campanello «appena verrà fuori il guardiano tu chiederai quello che devi chiedere.»

Si allontanò e, quando il portone si aprì, Celestino disse:

«Vorrei vedere mio babbo.»

La guardia sbuffò:

«Non è né il giorno né l'ora. Non si può.»

«È il giorno del suo Santo» spiegò Celestino con le lacrime agli occhi. «Sono venuto in bicicletta, senza dire niente a mia mamma.»

La guardia portò Celestino dal direttore. E il direttore, udita la spiegazione di Celestino, esclamò rivolto verso la guardia:

«Alla fine, mica abbiamo il regolamento, al posto della coscienza!»

Quando Gigi Prati si appressò alla grata e scoprì Celestino che l'aspettava dall'altra parte, si sentì mancare il fiato.

«Cosa fai qui?» riuscì a balbettare alla fine.

4 **il portone:** Tor, Haupteingang.
6 **il guardiano:** Wächter, Aufseher.
11 **la guardia:** Aufpasser, Wachposten.
sbuffare: schnauben.
17 **udire:** hören, vernehmen.
19 **(non ...) mica:** doch nicht, ja nicht.
21 **appressarsi a qc/qu:** sich etwas/jdm. nähern.
la grata: Gitter.
24 **balbettare:** stammeln, stottern.

«Ti sono venuto a portare il regalo. È il tuo Santo.»

Celestino porse al padre un pacchetto di «Nazionali» e Gigi Prati, prese attraverso la grata di ferro le sigarette, rimase lì a guardarle imbambolato.

Non gli era mai capitato da che era al mondo di essere civile; riuscì a esserlo senza neppure accorgersene:

«Grazie» disse Gigi Prati.

«Prego» rispose Celestino.

Gigi Prati non sapeva più cosa dire, ma Celestino gli venne in aiuto:

«Babbo» gli confidò «la mamma non sa niente. Crede che tu sei all'ospedale. Non aver paura, io non parlerò.»

Gigi Prati si riscosse:

«Celestino!» esclamò aggrappandosi alle sbarre disperatamente. «Io non ho fatto niente, io mi sono soltanto difeso. Lui, il Gollini, ha saltato il fosso per picchiarmi con un palo! Il mascalzone è lui!»

«Lo so» affermò Celestino.

«Celestino» ansimò Gigi Prati «ho ancora due mesi da star qui dentro. Ti giuro che, quando esco, lo ammazzo!»

Celestino lo guardò sgomento.

4 **imbambolato/a:** wie betäubt, bewegungslos.
6 **civile** (agg.): hier: höflich, mit guten Manieren.
15 **riscuọtersi:** zu sich kommen, wieder aufgerüttelt werden.
16 **aggrapparsi a qc:** sich an etwas klammern.
19 **picchiare qu:** jdn. verhauen, verprügeln, schlagen.
il mascalzone (fam.): Schurke, Schuft, Halunke.
21 **ansimare:** keuchen.
22 f. **ammazzare qu:** jdn. umbringen.
24 **sgomento/a:** bestürzt, erschüttert.

«No» implorò Celestino con gli occhi pieni di lacrime.

Gigi Prati non vide più che quegli occhi e, quando il guardiano lo riportò via, continuò a vedere soltanto quegli occhi e l'angoscia che esprimevano quegli occhi.

Si ritrovò in cella col pacchetto di «Nazionali» tra le mani e gli venne voglia di fumare.

Ma rimise dentro la sigaretta che già aveva cavato dal pacchetto e nascose il pacchetto in tasca:

‹Le fumerò quando sarò libero› pensò.

*

Due mesi sono lunghi ma passano.

Gigi Prati, una mattina, si trovò nella strada e il portone si chiuse alle sue spalle.

Allora cavò di tasca il pacchetto e, messa fra le labbra una sigaretta, la accese.

Tirò una lunga boccata, poi buttò fuori una gran nuvola di fumo azzurro.

«All'inferno Gollini e tutti i disgraziati dell'universo!» esclamò.

Si incamminò allegramente e, finita la sigaretta, subito ne accese un'altra.

1 **implorare:** flehen, bitten.
5 **l'angoscia:** Angst, Beklemmung.
7 **la cella:** Zelle.
10 **nascọndere:** verstecken, verbergen.
17 **tirare una boccata:** einen Zug nehmen.
18 **il fumo:** Rauch.
19 **il disgraziato** (pegg.): Mistkerl, Lump.
21 **incamminarsi:** sich auf den Weg machen.

‹Il primo che ha il coraggio di dire che le ‹Nazionali› sono balorde› pensò ‹gli spacco la facc …›

Si interruppe poi concluse:

‹Alla fine ognuno è libero di trovarle buone o balorde secondo i gusti.›

Camminava di buon passo; a un tratto si arrestò:

‹E la gente?› si chiese angustiato. ‹Cosa dirà la gente, adesso che sono stato in galera?›

Pensò a Celestino.

«All'inferno Gollini, la gente e tutto il mondo!» esclamò riprendendo a camminare a cuore leggero.

2 **balordo/a:** dumm, schlecht.
6 **di buon passo:** schnellen Schrittes.
arrestarsi: stehen bleiben.
7 **angustiato/a:** betrübt, bekümmert.

La padrona

«Ne parleremo dopo, quando la Gilda se ne sarà andata» disse la signora a denti stretti.

«Per la Gilda mi pare che sia ora di decidere» borbottò il marito.

«È già deciso» replicò gelida la signora. «Serve e rimane.»

Il Ronchi scosse la testa:

«Non serve a niente. Serve semplicemente a fare quello che potrebbe benissimo fare l'Antonietta. Per tenere una donna che viene a lavare i piatti io devo rinunciare a fumare. L'Antonietta ha vent'anni e, già

3 **a denti stretti:** mit zusammengebissenen Zähnen.
4f. **borbottare:** murmeln, brummen.
6 **replicare:** erwidern, entgegnen.
gelido/a: eisig, frostig.

che le cose stanno così, bisogna che anche lei cambi registro.»

L'Antonietta guardò il padre:

«Papà, io come ho detto cento volte alla mamma …»

«Taci, tu» sibilò la signora. «La signorina Antonietta Ronchi deve comportarsi conforme al decoro della famiglia.»

Francesco, il fratello della ragazza, intervenne:

«Mamma, cosa vuoi insistere a parlar di decoro in una situazione come questa: ma se non abbiamo più niente!»

«Abbiamo ancora la nostra dignità» spiegò categorica la signora. «E bisogna difenderla.»

L'affare del mulino a cilindri aveva buttato a terra la famiglia Ronchi. Brutto affare, brutta società: in un anno e mezzo, mentre gli altri soci che non possedevano quattrini né roba se l'erano cavata allegramente, Ronchi, che possedeva soldi e roba, aveva dovuto pagare fino all'ultimo centesimo.

Era rimasta ai Ronchi soltanto la casa padronale

1f. **cambiare registro** (fig.): einen anderen Ton anschlagen.
6 **sibilare:** zischen.
7 **conforme** (agg.): entsprechend, getreu.
il decoro: Verhältnisse, Würde, Form.
9 **intervenire:** eingreifen, sich einmischen.
13 **la dignità:** Würde, Dignität.
13f. **categọrico/a:** kategorisch, entschieden.
15 **buttare a terra qu:** jdn. zu Boden werfen; (fig.): jdn. fertigmachen.
17 **il socio:** Mitglied, Geschäftspartner.
18 **i quattrini** (meist pl.): Geld.
21 **la casa padronale:** Herrenhaus.

col poderetto annesso e quel fazzoletto di terra rappresentava oramai l'ultimo e unico reddito della famiglia.

Una miseria, in complesso: e, nonostante tutto ciò, la signora non aveva mollato di un millimetro e faceva ancora questione di dignità e decoro.

La Gilda venne in sala da pranzo a dire se poteva andare.

«L'argenteria è a posto?» si informò severa la signora.

«Tutta sistemata.»

«Andate pure.»

Uscita la donna, il Ronchi disse:

«Giulietta, a proposito dell'argenteria: mi pare che sia arrivato il momento di trovar da venderla. È un piccolo capitale, occorrono disperatamente dei quattrini e bisognerà decidersi.»

«Per quello che c'è da mangiare» borbottò il giovanotto «possiamo arrangiarci benissimo anche con le posate di alpacca.»

«No» rispose la signora. «L'argenteria non si tocca: né adesso né mai. Figurati, il giorno in cui la Gilda si accorgesse che l'argenteria non c'è più. Che festa per il paese!»

1 **il poderetto:** kleiner Gutshof (dim. zu *il podere*).
annesso/a: anliegend, dazugehörig.
2 **or(a)mai:** nun, jetzt.
4 **la miseria:** Armut, Elend, Not.
in complesso: insgesamt, alles in allem.
5 **mollare:** loslassen, aufgeben; hier: nachgeben.
9 **l'argenteria:** Silber(geschirr).
11 **sistemare:** hier: aufräumen, in Ordnung bringen.
20 **l'alpacca:** Neusilber.

«Mamma, se tu licenziassi la Gilda, potremmo essere più liberi» esclamò il giovanotto.

«Quando avrò bisogno del tuo parere te lo chiederò.»

Il figlio sbuffò:

«Mamma, fra due giorni ho bisogno dei quattrini per le tasse scolastiche e la pensione. Perché continuare in mezzo a queste angosce? Non è meglio che io smetta e che mi trovi un posticino in città?»

«Il posticino in città te lo troverai quando avrai ottenuto la tua laurea. In quanto ai quattrini li troveremo.»

«E dove?» domandò il padre.

«Domattina verrà qui dalla città una donna in macchina a prendere della biancheria da vendere. E poi ho ancora un po' di oro. L'importante è che noi riusciamo a passare questo momento critico a testa alta, senza dare soddisfazioni alla gente. In fondo, fino a oggi tutto è andato magnificamente perché abbiamo pagato tutto quello che dovevamo pagare. I Ronchi non hanno un centesimo di debito. I sacrifici nostri li conosciamo soltanto noi. I debiti diventerebbero di dominio pubblico e tutti aspetterebbero con ansia di

2 **esclamare:** ausrufen.
5 **sbuffare:** schnauben.
7 **la tassa scolastica:** Schulgeld.
8 **l'angoscia:** Angst, Beklemmung.
9 **il posticino:** (Arbeits-)Platz (dim. zu *il posto*).
14 **domattina** (abbr.): *domani mattina*.
17 **critico/a:** kritisch, heikel.
23 **il dominio pubblico:** öffentliches Eigentum, jedermann bekannt.
l'ansia: hier: Unruhe, Ungeduld.

vederci umiliati. Non riuscirà nessuno a umiliarci. Abbiamo le carte a posto.»

Dal giardino qualcuno chiamò ad alta voce e la ragazza scappò fuori a vedere. Tornò poco dopo con un giornale e una cartolina:

«Era il postino» spiegò al padre. «Intanto che prendevo il giornale, è passato davanti al cancello Cagnini. Mi ha domandato se eri in casa. Ho risposto di sì e ha detto che verrà fra poco perché deve parlarti.»

Il Ronchi diventò pallido:

«A me?»

«Sì, papà, a te.»

La signora si accorse facilmente del turbamento del marito:

«Carlo, cosa ti succede?»

«Niente, niente» si affrettò a rispondere il marito. «Ha fatto male l'Antonietta a dire al Cagnini che ero in casa. Comunque io adesso vado su: se Cagnini viene, spiegategli che ho dovuto andar via per un affare urgentissimo.»

L'uomo si alzò, ma la signora gli mise una mano sulla spalla e lo costrinse a sedersi di nuovo.

«Questi sono mezzucci da disgraziati» affermò. «Dimmi piuttosto cosa vuole quella vipera di Cagnini.»

1 **umiliare qu:** jdn. erniedrigen, demütigen.
2 **a posto:** in Ordnung.
7 **il cancello:** (Gitter-)Tor.
13 **il turbamento:** Unruhe, Erregung.
16 **affrettarsi:** sich beeilen.
22 **costrịngere:** zwingen.
23 **il mezzuccio** (pegg.): klägliches Mittel, Methode.
il disgraziato (pegg.): Mistkerl, Lump.

«Giulietta, non lo so.»

«Lo sai e devi dirmelo.»

Il Ronchi si asciugò il sudore che gli bagnava la fronte:

«Giulietta, te lo giuro, mi era andato fuori mente.»

«Cioè?»

«Ti ricordi, due anni fa, quando il Cagnini ci ha fatto vendere quella partita di formaggio?»

«Certo che mi ricordo.»

«Io dovevo dargli circa duecentomila lire di mediazione.»

«Va bene, lo so: e con questo?»

«Con questo, con questo io non glieli ho dati i quattrini. Glieli avrò offerti tremila volte, ma mi ha sempre risposto che lasciassi perdere, che ci saremmo arrangiati al prossimo affare, che per lui era come se avesse i quattrini in banca, che non insistessi se no lo offendevo, che se insistevo voleva dire che io non intendevo più servirmi di lui per il formaggio. E via discorrendo: poi mi sono dimenticato di lui e del debito. E adesso … Ma forse non viene per i quattrini, verrà per altre cose. In fondo, con tutti i suoi difetti, non è un cattivo omaccio.»

La signora rise a denti serrati:

3 **bagnare qc:** etwas nass machen.
5 **andare fuori mente:** vergessen.
8 **la partita:** hier: (Waren-)Posten.
10 f. **la mediazione:** Vermittlung(sgebühr).
15 **lasciar pẹrdere:** es gut sein lassen.
19 f. **e via discorrendo:** und so weiter.
23 **l'omaccio:** Kerl (pegg. zu *l'uomo*).
24 **a denti serrati:** mit zusammengebissenen Zähnen.

«È un serpente e viene esclusivamente per il danaro. Ne sono sicura. Sono anni che aspetta l'occasione per umiliarci: e ora ne approfitta. Deve scoppiare di gioia; i Ronchi non hanno i quattrini da dargli: egli potrà tornare in paese urlando che questa è la paga che prendono i galantuomini, ma che, a costo di spendere tutti i quattrini del credito in avvocati e in tribunali, giustizia sarà fatta e così la gente saprà che razza di tipi sono i famosi signori che si danno un sacco di arie e mangiano con le forchette d'argento però sono degli imbroglioni che non pagano i debiti.»

I ragazzi ascoltavano con gli occhi pieni di sgomento e il padre, non potendo impallidire di più, rimaneva lì, buttato sulla sedia, come uno straccio.

Suonarono al cancello e i ragazzi e il padre sussultarono.

«Antonietta, fallo entrare» ordinò la signora. «Bada che si pulisca bene i piedi se no mi riempie di fango tutta la casa.»

«È permesso? Disturbo?»

«Avanti, avanti, Cagnini» disse il Ronchi. «Accomodatevi.»

1 **esclusivamente:** ausschließlich, allein.
2 **l'occasione** f.: (gute) Gelegenheit, Chance.
6 **il galantuomo:** Ehrenmann.
8f. **che razza di:** was für eine (miese) Art von.
9 **il sacco di:** Haufen, Menge (*il sacco:* Sack).
10 **darsi delle arie** (fig.): sich wichtig tun, sich aufspielen.
12f. **lo sgomento:** Bestürzung, Erschütterung.
13 **impallidire:** blass werden, erbleichen.
14 **lo straccio:** (Putz-)Lappen, Lumpen.
15f. **sussultare:** zusammenzucken, -fahren.
18 **il fango:** Schlamm.

Il Cagnini entrò, e il sorriso melenso su quella faccia falsa riempì di disgusto la signora.

«Sedete, sedete, Cagnini» borbottò il Ronchi. «Non fate complimenti.»

Cagnini si sedette:

«Domando scusa» spiegò «ma lei mi capisce, signor Ronchi, noi poveretti siamo come uccelli sulla rama. Fin che non tira vento si resiste, quando tira vento bisogna cercare un rifugio.»

I ragazzi impallidirono e trattennero il fiato: il preambolo spiegava già di che terribile guaio si trattasse.

«Le dico la verità, signor Ronchi» continuò Cagnini «è la prima volta che faccio un passo del genere, ma necessità fa legge. Insomma, si tratterebbe di quella robettina di circa due anni fa. Lei si ricorda, è vero?»

La signora intervenne:

«Cagnini, per piacere, spiegatevi» disse con voce malgarbata «che cosa sarebbe questa cosettina di circa due anni fa?»

«Signora, quando si deve parlare di soldi, si cerca sempre di usare i termini meno volgari.»

1 **melenso/a:** einfältig, dumm.
2 **il disgusto:** Abscheu.
3f. **non fare complimenti:** keine Umstände machen.
7 **la rama** (region.): *il ramo*.
8 **tirare vento:** windig sein.
10f. **il preambolo:** Einleitung.
11 **terribile:** schrecklich, fürchterlich.
il guaio: Unglück, Ärger.
14 **la necessità fa legge** (fig.): hier gilt das Gesetz der Not.
15 **la robettina:** kleine Sache, Geschäftchen (dim. zu *la roba*).
18 **malgarbato/a:** unhöflich, schroff.
21 **volgare** (agg.): vulgär, ordinär.

«Ah, si tratta dunque di soldi» esclamò la signora. «E di che soldi?»

«Lei probabilmente, signora, non è al corrente; si parla di un affare di formaggio.»

«Io sono al corrente di tutto perché la contabilità la tengo io da dieci anni.»

«Benissimo, allora» approvò Cagnini. «Io ho fatto vendere al signor Carlo una partita di grana, e dovevo avere, come d'accordo, la mediazione ... Una roba da poco ... Una piccola cosa confronto al giro d'affari che hanno loro ... Comunque, per la precisione, per la precisione ...»

Il Cagnini cavò di tasca il notes con l'elastico, lo aperse e cercò la paginetta:

«Ecco: ‹*Signor Carlo Ronchi, mediazione pattuita lire centonovantamila*›. A ogni modo, se lo avesse dimenticato, ci sono anche i testimoni ...»

«Ma che testimoni!» esclamò seccamente la signora. «Non si tratta mica di centonovanta milioni!»

Il Cagnini allargò le braccia:

«Per chi ne ha molti, centonovantamila lire non sono niente, per chi ne ha pochi sono una somma.»

La signora si rivolse al marito che stava lì ad ascoltare con gli occhi persi chi sa dove:

3 **ẹssere al corrente:** auf dem Laufenden sein.
8 **il grana:** dem Parmesan ähnlicher Hartkäse.
13 **cavare qc:** etwas herausholen.
il notes: Notizblock.
l'elạstico: Gummiband.
14 **la paginetta** (dim.): *la pagina.*
15 **pattuito/a:** vereinbart, ausgehandelt.
18 **seccamente:** trocken, schroff.
19 **non ... mica:** doch nicht, ja nicht.

«Carlo, io mi ricordo benissimo di quello che dice Cagnini: la partita di formaggio venduta a quel tipo di Mantova comportava una mediazione di circa duecentomila lire!»

«Centonovanta» precisò il Cagnini. «Io sono un galantuomo e non voglio un centesimo di quanto non mi spetta … Io …»

«Sentite, Cagnini» lo interruppe con voce dura la signora. «Galantuomini o non galantuomini, io l'amministrazione la tengo da dieci anni e so per sicuro che ogni mediazione è stata pagata immediatamente. E non riesco a capire come voi siate rimasto indietro. È il primo caso che mi succede da che sono in questa casa. Io non posso ammettere di aver chiuso una partita lasciando un sospeso di circa duecentomila lire.»

Il Cagnini cambiò tono:

«Signora, lei può dire quello che vuole: io so che le centonovantamila lire non le ho avute né da lei né da suo marito né da nessuno. E io le sto aspettando da due anni.»

«Sentite un po' Cagnini, qui non siete al mercato e, prima di parlare, dovete pensarci due volte.»

«Signora, sono già due anni che ci penso!»

«E perché non lo avete detto prima di oggi?»

Il Cagnini si agitò sulla sedia:

«Io sono un galantuomo e sono abituato a trattare con dei galantuomini» gridò. «Io il mio diritto sacro-

5 **precisare:** präzisieren, klarstellen.
7 **spettare a qu:** jdm. zustehen.
15 **il sospeso:** offene Rechnung.
27f. **sacrosanto/a:** unantastbar, unbezweifelbar.

santo non l'ho mai chiesto a nessuno perché tutti me l'hanno dato senza che lo domandassi!»

Il Ronchi si seccò:

«Ma se quei quattro soldi ve li avrò offerti tremila volte!»

«Io non mi ricordo: io so soltanto che la ditta Carlo Ronchi mi deve suonare centonovanta biglietti da mille. E io ho tanto di testimoni i quali possono dire qui, e magari davanti al tribunale, che la ditta Carlo Ronchi mi deve suonare la mediazione di legge in lire centonovantamila per la vendita di formaggio fatta per mezzo del sottoscritto il giorno 30 ottobre del 1951.»

La signora si mise a ridere:

«E ce li avete i testimoni i quali possono dire, qui e in tribunale, che la ditta Carlo Ronchi non vi ha mai dato le centonovantamila lire?»

«Testimoni?» urlò il Cagnini. «Tutto il paese lo sa che voi non mi avete ancora pagato! Tutto il paese!»

«E come fa la gente a sapere che noi non vi abbiamo pagato? E se voi, invece, li aveste ricevuti, i vostri quattro soldi, e andaste a dire in giro che non li avete avuti, come farebbero gli altri a sapere come stanno i fatti? Avete dei documenti? Delle dichiarazioni?»

«Io? Io ho che sono un galantuomo e non ho mai preteso i soldi che non mi spettano. Io sono in piazza da trentacinque anni e io le dico, signora ...»

3 **seccarsi** (fam.): sich ärgern, genervt sein.
7 **suonare:** hier: geben, klingen lassen.
12 **il sottoscritto / la sottoscritta:** der, die Unterzeichnete.
22 **dire in giro qc:** etwas herumerzählen.

«Qui non siete in piazza, siete in casa mia» tagliò corto la signora. «E in casa mia non si alza la voce. Spicciamoci: cosa pretendete dalla ditta Ronchi?»

«Le centonovantamila lire che mi spettano.»

«La ditta Ronchi ha dei registri precisi, caro il mio ometto: e dai registri risulterà se quel danaro vi spetta ancora o se vi è già stato dato.»

«A me dei suoi registri non me ne importa un fico secco!» gridò Cagnini.

«A noi invece importa molto: perché noi crediamo ai nostri registri e non alle chiacchiere della gente come voi.»

Si rivolse alla figlia:

«Va nel mio studio e porta il plico del 1951.»

La ragazza si allontanò e tornò poco dopo con un grosso plico accuratamente legato con spago e suggellato con la ceralacca.

La signora ruppe i suggelli, tolse lo spago e svolse il plico. Conteneva un registro rilegato in pelle rossa e un raccoglitore pieno di documenti.

1f. **tagliare corto** (fig.): es kurz machen.
2 **alzare la voce:** die Stimme erheben, schreien.
3 **spicciarsi:** sich beeilen, sich sputen.
5 **il registro:** Register, Verzeichnis.
6 **l'ometto:** Männchen (dim. zu *l'uomo*).
14 **il plico:** Umschlag.
16 **accuratamente:** sorgfältig, gründlich.
lo spago: Kordel, Schnur.
16f. **suggellare:** versiegeln (*il suggello:* Siegel).
17 **la ceralacca:** Siegellack.
18 **svọlgere:** auspacken.
19 **rilegare:** einbinden.
20 **il raccoglitore:** Ordner, Sammelmappe.

La signora aprì il registro, trovò la pagina; lesse ad alta voce:

«Trenta ottobre: Dare al mediatore Anselmo Cagnini lire centonovantamila per mediazione ...»

«Ha visto?» gridò il Cagnini che s'era alzato e aveva letta anche lui la riga che l'interessava. «Ha visto?»

«Certo che ho visto» replicò la signora. «Se voi, invece di aspettare due anni, foste venuto prima, l'avrei visto anche prima.»

Chiuse il registro e aperse il «*Sospesi*».

Tolse una cartelletta verde, l'aprì. Conteneva alcuni fogli e una busta voluminosa sulla quale stava scritto: *«Per Anselmo Cagnini. – Deve venire a ritirare di persona e firmare la regolare ricevuta in bollo».*

Aprì la busta, tolse una ricevuta in bollo e un pacchetto di fogli da diecimila.

«Firmate» disse mettendogli davanti la ricevuta e la penna stilografica già pronta.

Il Cagnini esitò un momentino.

«Ah, già» ridacchiò la signora. «Avete ragione. Fidarsi è bene, non fidarsi è meglio. Contiamoli pure.»

Contò i fogli da diecimila ed erano venti anziché diciannove.

3 **il mediatore:** Vermittler, Mittelsmann.
6 **la riga:** Zeile.
12 **la cartelletta:** Mäppchen (dim. zu *la cartella*).
13 **voluminoso/a:** voluminös, groß.
16 **la ricevuta in bollo:** gestempelte Quittung.
19 **la penna stilografica:** Füllfederhalter.
21 **ridacchiare:** kichern.
23 **anziché:** (an)statt.

«Era meglio se vi foste fidato, il mio ometto» disse la signora togliendo un foglio da diecimila.

Il Cagnini firmò, ritirò i quattrini e se ne andò lestamente.

*

La signora rimise a posto raccoglitore e registro e, quando il plico fu di nuovo ripristinato, il Ronchi trovò la forza di esclamare:

«Giulietta, e tu eri riuscita a salvare duecentomila lire dal disastro e non dicevi niente a nessuno?»

«È da due anni che aspetto Cagnini al varco e, piuttosto che toccare quei quattrini, sarei morta di fame.»

«Saremmo morti anche noi! E per i begli occhi di quel puzzone del Cagnini» sogghignò il giovanotto.

La signora guardò prima il marito che era tornato silenzioso e stava macchinalmente cercando in tasca una sigaretta che non c'era. Poi guardò il figlio che continuava a ghignare. Poi guardò la figlia.

La ragazza si alzò e le venne al fianco. Allora la signora guardò il biglietto da diecimila che aveva ancora in mano e lo buttò sul tavolo fra il marito e il figlio:

3f. **lestamente:** schnell, eilig.
5 **rimettere:** zurücklegen.
6 **ripristinato/a:** wiederhergestellt.
10 **aspettare qu al varco** (fig.): jdm. auflauern (*il varco:* Über-, Durchgang).
13 **il puzzone** (pegg.): Widerling, Schwein.
sogghignare: grinsen.
15 **macchinalmente:** mechanisch, automatisch.
17 **ghignare:** grinsen, höhnisch lachen.
20 **buttare:** werfen, schleudern.

«Tenete, pezzenti!» disse la signora. «Ve lo regala il Cagnini.»

Uscì fiera e vittoriosa seguita dalla figlia.

1 **il pezzente** (pegg.): Penner, Hungerleider.
3 **fiero/a:** stolz.
vittorioso/a: siegreich, sieghaft.

Il cadavere vivente

Accadde in uno dei giorni più crudi di quell'inverno dannato, e fu un fatto grosso, ma nessuno se ne accorse.

E non poteva accorgersene nessuno perché le cose si trovarono a essere combinate in modo incredibilmente singolare.

Gianni Rosi era partito dal paese la mattina, in macchina: si viaggiava malamente, per via della neve, ma si viaggiava. Arrivato in città, non aveva trovato l'uomo col quale egli aveva appuntamento per concludere l'affare del frumento. La signorina dell'ufficio spiegò che il grossista era rimasto bloccato con la macchina a una cinquantina di chilometri dalla città e aveva telefonato che sarebbe tornato molto tardi.

Oramai che si trovava lì non valeva la pena di but-

1 **il cadạvere:** Leiche, Kadaver.
vivente (agg.): lebend, lebendig.
2 **accadere:** geschehen, sich ereignen.
crudo/a: rau, streng.
3 **dannato/a** (fam.): verdammt, verflucht.
3f. **accọrgersi di qc:** etwas wahrnehmen, bemerken.
9 **malamente:** schlecht, übel.
per via di: wegen, durch.
13 **il grossista:** Großhändler.
16 **or(a)mai:** nun, jetzt.
valere: wert sein.
la pena: Mühe.

tar via un viaggio per tornare al paese a mani vuote. E Gianni aspettò.

Ogni tanto telefonava alla signorina dell'ufficio per sentire come stessero le cose e, finalmente, verso le cinque del pomeriggio, la ragazza gli diede la buona notizia: l'uomo era arrivato.

Alle sei meno un quarto l'affare era concluso e il grossista cavava fuori dalla borsa un pacchetto di cinquanta biglietti da diecimila.

«Mi dispiace» si scusò «ma non ho avuto il tempo di fare preparare un assegno circolare.»

«Non fa niente» rispose ridendo Gianni «i quattrini non danno mai ingombro. E poi, messi qui, tra la camicia e la maglia, serviranno a ripararmi dal freddo.»

Uscì allegramente dall'ufficio ma, appena giunto in strada, l'allegria gli passò e fu un vero miracolo se, cadendo, non si spaccò la testa.

Rialzatosi faticosamente rientrò in ufficio.

«C'è tutta la strada ghiacciata» spiegò al grossista «e non si riesce a rimanere in piedi. Ho anche la macchina senza catene e non me la sento di tornare al paese. Vorrei telefonare.»

8 **cavare qc:** etwas herausholen.
11 **l'assegno circolare:** Rundscheck.
12 **i quattrini** (meist pl.): Geld.
13 **dare ingombro:** belasten, behindern.
14 **ripararsi da qc:** sich vor etwas schützen.
15 **giungere:** (an)kommen, gelangen.
17 **spaccarsi qc:** sich etwas brechen.
18 **rialzarsi:** wieder aufstehen.
faticosamente: mühsam, mit Mühe.
19 **ghiacciato/a:** vereist (*il ghiaccio:* Eis).
21 **le catene** f. pl.: hier: Schneeketten.

Telefonò al caffè dei portici:

«Per piacere avvertite mio padre che mi sono sbrigato soltanto in questo momento e non me la sento di mettermi in viaggio. Che stiano tranquilli: tornerò domani mattina in macchina, oppure in treno se la strada sarà impraticabile come adesso.»

Erano le sei: troppo presto per andare a cenare.

Come passare un paio d'ore? Facendo degli esercizi d'equilibrismo nelle strade deserte battute dalla tramontana?

Appena vide, lì a due passi, l'insegna luminosa di un cinema, Gianni entrò senza neppure prendersi la briga di guardare che film proiettassero.

Le sei di sera sono un'ora morta per i cinema e, in questi casi, le ragazze dei biglietti possono anche ascoltare qualche parola scherzosa da un giovanotto. Gianni era uno spumarino e ci sapeva fare: si allontanò dalla biglietteria soltanto quando la ragazza gli sussurrò: «Il direttore!»

Appena ebbe preso posto nella sala buia, il giova-

2f. **sbrigarsi:** hier: mit einer Angelegenheit fertig sein.
6 **impraticabile** (agg.): hier: unbefahrbar.
9 **l'equilibrismo:** Äquilibrismus, Gleichgewichtskunst.
deserto/a: ausgestorben, menschenleer.
battuto/a: gepeitscht.
10 **la tramontana:** Nordwind.
11 **l'insegna luminosa:** Leuchtreklame.
12f. **prendersi la briga:** sich die Mühe machen.
13 **proiettare:** projizieren, zeigen.
16 **scherzoso/a:** lustig, spaßig, scherzhaft.
17 **lo spumarino** (region.): lebensfrohe Person, Person mit überschwänglichem Temperament.
19 **sussurrare:** flüstern, raunen.

notto si pentì di non aver guardato il cartellone prima di entrare: quel film l'aveva già visto la settimana prima, quando aveva accompagnato suo padre al mercato di M.

E, nello stesso tempo, si ricordò che avrebbe potuto passare meglio quelle due ore se fosse andato a sedersi in un certo caffè della piazza dove lavorava una certa cassiera.

Approfittò che aveva ancora indosso il cappotto e tagliò la corda.

L'atrio che dava sul piazzale era semibuio e deserto: la maschera di servizio all'uscita, evidentemente, era andata a scaldarsi. E, difatti, passando davanti all'osteria lì vicino, Gianni vide l'ometto che stava tracannando un bicchiere di vino al banco.

«Bel modo di fare il servizio!» borbottò fra sé il giovanotto. ‹Adesso, se lo volesse, potrebbe entrare nel cinema un reggimento intero.›

Nello svoltare l'angolo, andò a sbattere contro

1 **il cartellone:** Spielplan.
9 **avere indosso qc:** etwas anhaben, tragen.
10 **tagliare la corda:** (fig.): sich abseilen, sich aus dem Staub machen (*tagliare:* (ab)schneiden, *la corda:* Seil)
11 **l'ạtrio:** Eingangshalle, Foyer.
semibuio/a: halbdunkel.
12 **la mạschera:** hier: Platzanweiser(in).
13 **difatti:** in der Tat, tatsächlich.
14 **l'ometto:** Männchen (dim. zu *l'uomo*).
15 **tracannare:** hinunterkippen, hinuntergießen.
il banco: Theke, Tresen.
16 **borbottare:** murmeln, brummen.
18 **il reggimento:** Regiment.
19 **svoltare:** abbiegen.
19f. **sbạttere contro qu/qc:** gegen jdn./etwas stoßen, knallen.

qualcuno che arrivava dall'altra banda e a momenti tutt'e due finivano per terra.

Il giovanotto lanciò una imprecazione e subito lo sconosciuto si fece conoscere:

«Gianni, è così che si trattano gli amici?»

Era Oscar Biocci e tutto finì in una risata.

«Oscar, cosa fai qui a quest'ora?» domandò Gianni.

«Bloccato dal ghiaccio. E tu?»

«Idem con patate» rispose Gianni. «Io ho avvertito i miei che tornerò domani.»

«Anch'io. Che idee hai?»

«Nessuna idea. Aspetto soltanto che venga l'ora di cenare e poi di andare a letto.»

«Hai già fermata una stanza in qualche albergo?»

«No» rispose Gianni. «Ma non c'è da preoccuparsi: non credo che, con questa Siberia, ci sia gran movimento di forestieri.»

«Benissimo!» esclamò allegramente Oscar. «Allora tutto è a posto. Vieni anche tu a cenare e a dormire da mia zia.»

Gianni obiettò che non voleva disturbare nessuno e via discorrendo, ma Oscar non lo lasciò neanche finire:

1 **la banda:** hier: Seite.
3 **l'imprecazione** f.: Verwünschung, Fluch.
5 **trattare:** behandeln.
9 **idem con patate** (fig.): das Gleiche in grün (*idem* [lat.]: ebenso, genauso).
14 **fermare:** hier: reservieren.
17 **il forestiero / la forestiera:** Fremde(r).
18 **esclamare:** ausrufen.
21 **obiettare:** einwenden, entgegenhalten.
22 **e via discorrendo:** und so weiter.

«Mia zia vive da sola in una villetta della periferia e, quando può aver qualcuno in casa, è una festa per lei. E poi la conosci bene anche tu: è la Maria, la sorella più vecchia di mia mamma, quella che aveva sposato il farmacista di Torricella! Sono stato da lei a desinare e, adesso, stavo andando da lei per la cena. Dopo che abbiamo mangiato possiamo fare quello che vogliamo: ho la chiave di casa. Se non vieni con me mi offendo.»

Si avviarono per le strade spopolate verso la periferia buia e non incontrarono anima viva.

Al gelo s'era aggiunta anche un po' di foschìa e camminare era un'avventura. Comunque trovarono la villetta che era isolata e aveva un'alta cancellata tutt'attorno.

Entrarono e Oscar fu stupito trovando la luce spenta.

Ma la tavola era apparecchiata per due e, in mezzo alla tavola, stava un messaggio: *«La Francesca è grave. Mi hanno telefonato d'urgenza e devo partire subito se no non trovo più la coincidenza della corriera delle sette e quaranta. Per mangiare vedi di arrangiarti con la roba che c'è in dispensa.»*

Oscar fece un salto di gioia:

1 **la villetta:** Häuschen.
5 **desinare:** zu Mittag, zu Abend essen.
9 **avviarsi:** sich (schnell) begeben.
spopolato/a: entvölkert, menschenleer.
11 **la foschịa:** Dunst, Nebel.
13 **la cancellata:** Gitter, Gatter.
14 **attorno** (avv.): rundherum, ringsherum.
15 **stupito/a:** verwundert, erstaunt.
19 **la corriera:** Überland-, Autobus.
21 **la dispensa:** Speise-, Vorratskammer.

«Meglio ancora! Così siamo padroni assoluti.»

Trovarono in dispensa arrosto di vitello, salame, formaggio e vino rosso e bianco. Mangiarono a crepapancia perché il freddo mette appetito e buttarono giù parecchi bicchierozzi di vino.

Se fecero due buone tazze di caffè e, trovata una bottiglia di vecchio *cognac*, passarono con armi e bagagli in tinello.

La casa della vecchia zia era ospitale e calda.

«Gianni» disse Oscar «se tu vuoi uscire va': io non mi muovo di qui neanche se viene il terremoto.»

«Non mi muovo neanch'io» rispose Gianni. «Tanto più che ho in saccoccia i soldi del frumento e non voglio che mi capiti qualche brutto scherzo.»

«E io ho i soldi del formaggio» esclamò Oscar. «Sono riuscito a concludere. Ho venduto a sette e qualcosa. Mio padre può essere contento.»

«Bel colpo!» approvò Gianni. «Mai però come quello che ho fatto io col frumento.»

Discussero qualche minuto di mercati e d'affari. Bevvero un paio di bicchierini di *cognac*, poi incominciarono a sbadigliare.

«Se non fossero soltanto le sette, andrei a dormire» borbottò Oscar.

3f. **a crepapancia** (avv., region.): übermäßig, bis zum Platzen.
4f. **buttare giù** (fam.): hinunterschütten, -kippen.
5 **il bicchierozzo**: großes Glas.
7 **con armi** (f. pl.) **e bagagli** (fig.): mit allem bepackt, mit Mann und Maus.
8 **il tinello:** Esszimmer.
13 **la saccoccia** (region.): (Hosen-)Tasche.
22 **sbadigliare:** gähnen.

«Non si può andare a letto alle sette» osservò Gianni. «Ci vorrebbero le carte ...»

Dapprincipio la posta era leggera e aveva soltanto lo scopo di *interessare* il gioco, poi la posta diventò sempre più pesante.

Gianni si trovò, a un bel momento, ad aver perso tutti i suoi spiccioli personali.

Infilò una mano tra la camicia e la maglia e cavò fuori uno dei bigliettoni da diecimila.

Fu una pessima idea: quando vide passare negli attivi di Oscar il decimo dei bigliettoni da diecimila, Gianni buttò giù un bicchiere di *cognac* poi, cavato fuori il malloppo con gli altri quaranta bigliettoni, lo mise sulla tavola:

«Io continuo a giocare ma voglio vedere qualcosa» disse.

Oscar cavò di tasca un malloppo di bigliettoni da diecimila.

«Sono cinquantadue» spiegò.

«Va bene.»

Il gioco riprese sempre più accanito e la sfortuna continuò a perseguitare schifosamente Gianni.

3 **dapprincipio** (avv.): anfangs, am Anfang.
la posta: hier: (Spiel-)Einsatz.
7 **gli spiccioli** m. pl.: Kleingeld.
8 **infilare:** hineinstecken.
9 **il bigliettone:** großer Schein.
13 **il malloppo:** Bündel.
21 **riprendere:** hier: weitergehen, fortsetzen.
accanito/a: verbissen, erbittert.
22 **perseguitare:** verfolgen.
schifosamente: scheußlich, grauenhaft.

E, mano a mano che i bigliettoni passavano dall'altra parte della tavola, nel cervello di Gianni si sviluppava un ragionamento di una logica tremenda:

‹Se io torno a casa senza i quattrini, mio padre mi ammazza di legnate. Questo è positivo.

Mio padre non mi aspetta perché sa che tornerò domattina. Lo sa anche Cino il barista che tornerò domattina. Tutto è naturale se io, stasera, non torno.

Il grossista sa che alle sei io ero ancora nel suo studio. La ragazza dei biglietti sa che alle sei e cinque io sono entrato nel cinema.

Nessuno mi ha visto uscire dal cinema.

Se mi domandano che film c'era lo so perfettamente.

Nessuno ci ha visto sul piazzale quando ci siamo incontrati io e Oscar.

Nessuno ci ha visto entrare qui. Sono le sette e quarantacinque. Posso aver visto due volte la pellicola e uscire alle otto e mezzo. Due ore e mezzo di cinema in una serata simile sono una cosa normale. Alle otto e mezzo io arrivo sul piazzale e, quando qualcuno esce dal cinema, trovo modo di farmi notare do-

1 **mano a mano:** nach und nach, allmählich.
3 **il ragionamento:** Gedankengang, Überlegung.
tremendo/a: furchtbar, entsetzlich.
5 **ammazzare qu:** jdn. umbringen.
la legnata (fam.): Stockschlag; hier: Tracht Prügel, Schläge.
7 **domattina** (abbr.): *domani mattina.*
il barista: Barbesitzer, Wirt.
14f. **perfettamente:** ganz genau.
21 **la serata:** Abend.
23 **farsi notare:** auf sich aufmerksam machen.

mandando se, in vicinanza, c'è un buon ristorante con alloggio.

Poi mangio ancora e vado a letto.›

Il mucchietto di bigliettoni diventava sempre più striminzito e il ragionamento di Gianni si perfezionava:

‹Lavo il mio piatto, le mie posate, il mio bicchiere. Come se in casa ci fosse stato Oscar da solo. Ripulisco le carte e le rimetto dove erano.

Nessuno al mondo può immaginare che io sia stato qui con Oscar. Riprendo i miei soldi, e i suoi li nascondo nella tasca del suo cappotto. Anzi: butto il suo cappotto sopra la cassapanca e il pacchetto di soldi per terra, in un angolo, come se si fosse sfilato naturalmente da una tasca. Qualcuno l'ha ammazzato per prendergli i soldi e poi non gli ha trovato i soldi indosso. Ghiaccio dappertutto: niente impronte di piedi.›

Il pacchetto di Gianni era arrivato in fondo. Rimaneva un solo biglietto da diecimila. Gianni lo spinse al centro della tavola.

«Sette e mezzo» è il gioco più cretino del mondo: ma è il più spiccio per perdere quattrini o per guadagnarne.

4 **il mucchietto:** Sümmchen, Häuflein.
5 **striminzito/a:** mager.
5 f. **perfezionarsi:** sich weiterentwickeln, fortschreiten.
8 f. **ripulire:** wieder säubern, waschen.
11 f. **nascọndere:** verstecken, verbergen.
13 **la cassapanca:** Sitztruhe.
14 f. **sfilarsi da qc:** aus etwas herausrutschen.
17 **l'impronta:** Abdruck, Spur.
22 **spiccio/a:** kurz, schnell.

Oscar collocò davanti a Gianni una carta, e Gianni la sbirciò.

«Carta» disse Gianni.

Prese la nuova carta con la sinistra, mentre la mano destra scivolava dentro la tasca della giacca e impugnava la pistola.

‹Se sballo sparo› pensò tranquillamente Gianni.

Sollevò lentamente la carta avuta: era un sette.

Gianni accomodò il dito sul grilletto: avrebbe sparato il colpo alla *gangster*, dalla tasca, sotto il tavolino.

Sentì la fronte grondante di sudore e, istintivamente, con la sinistra tirò fuori dal taschino della giacca il fazzoletto per asciugarsi.

Assieme al fazzoletto vennero fuori dei biglietti di banca.

Il resto del cinema. Aveva pagato con diecimila lire.

«Vanno anche quelli o li tieni per il viaggio?» domandò ridendo Oscar che aveva scoperto la sua carta: un sette. La mano di Gianni abbandonò la pistola e uscì dalla tasca.

«Si capisce che vanno anche questi» borbottò but-

1 **collocare:** hier: hinlegen.
2 **sbircare:** mustern.
5f. **impugnare:** ergreifen.
7 **sballare** (fam.): danebenliegen, sich völlig verrechnen.
9 **accomodare:** hier: zurechtlegen.
il grilletto: Abzug.
12 **grondante** (agg.): triefend.
13 **il taschino:** Täschchen (dim. zu *la tasca*).
15 **assieme:** *insieme*.

tando da parte le sue due carte e mettendo le banconote al centro del tavolino.

‹Se va male questo, sparo› pensò mentre Oscar dava le carte.

Non andò male.

E non andò male neppure il colpo successivo. Per Gianni la sfortuna era finita perché il mucchio di bigliettoni diventò sempre più grosso sì che, a un bel momento, sentì il dovere di dire:

«Oscar, diamo un'occhiata? Se siamo nei nostri direi di piantare lì.»

Contarono il danaro e risultò che Gianni non solo aveva ricuperato i cinquanta bigliettoni e gli spiccioli suoi personali, ma aveva anche vinto trentamila lire a Oscar.

«Andiamo alla pari e poi la piantiamo» esclamò Oscar.

Meglio l'avessero piantata così come stavano le cose: infatti, la sfortuna passò decisamente dalla parte di Oscar e, dopo non molto, dei bigliettoni di Oscar ne rimaneva soltanto uno.

Oscar lo spinse in mezzo al tavolino e, avuta la sua carta, la sbirciò e disse:

«Resto.»

«Anch'io» rispose tranquillo Gianni che aveva un sei e voleva viaggiare nel sicuro.

7 **il mucchio:** Haufen, Batzen.
10 **dare un'occhiata a qc:** eine (kurzen) Blick auf etwas werfen.
11 **piantare:** hier: aufhören, Schluss machen.
13 **ricuperare:** wiedererhalten, zurückbekommen.
16 **alla pari:** gleich, auf Gleichstand.

Gianni scoprì il suo sei e Oscar si lasciò sfuggire un sospirone.

«Sette» ansimò scoprendo la sua carta.

La fortuna è una sporcacciona maledetta: tornò armi e bagagli a lavorare per Oscar e lavorò così bene per lui che, un'ora dopo, Oscar, che stavolta si era tenuto al corrente delle vincite, poté esclamare:

«Adesso io sono nei miei preciso preciso. Vedi un po' tu.»

Gianni contò il suo danaro.

«Idem» rispose.

«Io la pianto» esclamò Oscar.

«Approvato» disse Gianni che non ne poteva più.

Bevvero un altro bicchiere di *cognac* e andarono a dormire.

Il giorno seguente ritornarono a casa ognuno sulla propria macchina e arrivarono a pochi secondi l'uno dall'altro.

Festeggiarono l'avvenimento al caffè del portico e dissero lasciandosi:

«Abbiamo passato davvero una gran bella serata.»

*

Accadde in uno dei giorni più crudi di quell'inverno maledetto e fu un fatto grosso, ma nessuno ne seppe niente.

3 **ansimare:** keuchen.
4 **la sporcacciona** (volg.): Drecksau.
maledetto/a (fam.): verflucht, verflixt.
6 **stavolta** (fam.): diesmal.
7 **la vịncita:** Gewinn(summe).

Passò infatti un sacco di tempo e, una sera, don Camillo si trovò davanti Gianni Rosi.

«Ecco qui il nostro spumarino!» esclamò don Camillo. «Hai trovato qualche granduchessa e ti sposi?»

Gianni era accigliato:

«Reverendo, non ho trovato niente. Ho perso la mia pace» spiegò.

«E cosa hai fatto per perdere la tua pace?»

«Ho ammazzato un uomo.»

Don Camillo tirò fuori il suo fazzolettone e si asciugò la faccia.

«Quando l'hai ammazzato?»

«Tre mesi fa.»

«E chi hai ammazzato?»

«Oscar Biocci.»

Don Camillo allargò le braccia:

«Se hai ammazzato Oscar Biocci tre mesi fa, poco male, perché Oscar Biocci è ancora vivo.»

«Non c'entra se è ancora vivo» replicò Gianni. «Io l'ho ammazzato.»

Don Camillo andò a chiudere la porta e si sedette vicino al giovanotto:

«Parla adagio e con calma.»

1 **il sacco di:** Haufen, Menge.
4 **la granduchessa:** Großherzogin.
6 **accigliato/a** (fig.): finster blickend, mürrisch.
7 **il reverendo:** Hochwürden.
17 **allargare:** ausbreiten.
20 **replicare:** erwidern, entgegnen.
24 **adagio** (avv.): langsam, behutsam.

Gianni Rosi raccontò per filo e per segno quel che era successo la sera famosa e concluse:

«Se il caso non faceva saltar fuori quei soldi dal taschino, io avrei sparato.»

«Però, caso o non caso, tu non hai sparato.»

«Non significa niente» esclamò Gianni. «È come se avessi sparato. Lo so io quello che pensavo in quel momento. Lo so soltanto io: e per questo non riesco ad aver pace. E io voglio ritrovare la mia pace!»

Don Camillo si strinse nelle spalle:

«Non è difficile, ragazzo mio. Se tu non hai sparato ma è come se avessi sparato, fa conto di essere in galera anche se tu non sei in galera.»

«Altro che galera, reverendo!» gemette Gianni. «È peggio che se io fossi in galera!»

«Se è peggio, meglio! Soffri quel che devi soffrire e, quando la tua coscienza ti dirà che hai sofferto abbastanza, sarai libero. Io per te posso soltanto pregare Dio che ti mandi tutta la sofferenza che devi avere. Non dolerti della tua sofferenza, ma cerca di esserne grato a Dio come il più bel dono che la Divina Provvidenza possa farti.»

«Allora» balbettò il giovanotto «c'è speranza?»

«Solo chi soffre può sperare.»

1 **per filo e per segno** (fig.): haarklein.
3 **il caso:** hier: Zufall.
12 **fare conto:** sich vorstellen.
12 f. **la galera** (fam.): Zuchthaus, Knast.
14 **gẹmere:** stöhnen.
20 **dolersi di qc:** sich über etwas beklagen.
21 **il dono:** Geschenk, Gabe.
21 f. **la Divina Provvidenza:** göttliche Vorsehung.
23 **balbettare:** stammeln, stottern.

Gianni se ne andò e don Camillo, ripensando che, la settimana prima, Oscar Biocci gli aveva fatto un racconto press'a poco identico a quello di Gianni, levò gli occhi al cielo e mormorò:

«Gesù, aiutate questa gioventù spietata a ritrovare la via della pietà.»

3 **press' a poco:** weitgehend.
idẹntico/a: identisch, gleich.
4 **mormorare:** murmeln, flüstern.
5 **spietato/a:** grausam, erbarmungslos.

Editorische Notiz

Der italienische Text folgt der Ausgabe: Giovannino Guareschi, *Tutto don Camillo: mondo piccolo*, a cura di Carlotta e Alberto Guareschi, Bd. 1 und 2, Milano: Rizzoli, 1998. Die Geschichten sind unabhängig voneinander glossiert, so dass jede für sich gelesen werden kann.

Das Glossar enthält alle Wörter, die nicht im *Thematischen Grund- und Aufbauwortschatz Italienisch* von Luciana Feinler-Torriani und Gunter H. Klemm (Stuttgart: Klett, 2000) verzeichnet sind. Dabei wird der Grundwortschatz in der Regel als bekannt vorausgesetzt; Wörter, die zum Aufbauwortschatz zählen, werden in einzelnen Fällen erklärt.

Sofern bei Wörtern die Betonung nicht wie üblich auf der vorletzten Silbe liegt, wird sie im Glossar durch einen Punkt unter dem entsprechenden Vokal gekennzeichnet (*genẹrico*, *vọlgersi*). Ist von zwei Endvokalen einer betont, so wird dies ebenfalls hervorgehoben (*altrụi*). Dagegen erhalten Wörter mit zwei unbetonten zwei Endvokalen keine besondere Kennzeichnung (*manubrio*, *meraviglia, solaio*).

Im Glossar verwendete italienische Abkürzungen

abbr.	abbreviazione (Abkürzung)
accr.	accrescitivo (Vergrößerungsform)
agg.	aggettivo
avv.	avverbio
dim.	diminutivo (Verkleinerungsform)
f.	femminile
fam.	familiare (umgangssprachlich)
fig.	figurato (übertragen)
invar.	invariabile

lat.	latino
lett.	letterario
loc.	locuzione (Redewendung)
m.	maschile
pegg.	peggiorativo (abwertend)
pl.	plurale
pron.	pronome
qc	qualcosa
qu	qualcuno
region.	regionale
russ.	russo
scherz.	scherzoso (ironisch, scherzhaft)
superl.	superlativo
volg.	volgare (derb, vulgärsprachlich)

Bedeutungsvarianten durch Suffixe

diminutivo: *-otto, -otta; -ello, -ella; -etto, -etta; -ino, -ina*
accrescitivo: *-one, -ona*
peggiorativo: *-accio, -accia*

Nachwort

Don Camillo und Peppone sind weltweit populär. Sie sind mehr als literarische Figuren, denn wie Hamlet oder Don Quijote mit seinem Knappen Sancho Panza konnten sie ein außerliterarisches Eigenleben entwickeln. Fast jeder kennt sie, hat eine Vorstellung von ihrem Aussehen und kann etwas über ihre Eigenschaften und Charakterzüge sagen. Obgleich Fiktion, vermitteln sie dem Leser den Eindruck, Teil einer historischen Realität zu sein.

Die deftigen Kämpfe, die sich die Streithähne liefern, die menschlich-versöhnlichen Pointen in ihren Geschichten und der augenzwinkernde Humor, mit dem ihr Autor das politische Zeitgeschehen der Nachkriegszeit karikiert, haben dazu geführt, dass Don Camillo und Peppone unvergessen bleiben. Mit ihnen auch ihr Erfinder, Giovannino Guareschi.

Giovannino Guareschis Leben

Der Schriftsteller, Journalist und Karikaturist Giovannino Guareschi kommt am 1. Mai 1908 in Fontanelle di Roccabianco zur Welt. Er verbringt seine Kindheit und Jugend in der Poebene bei Parma, einer Gegend, der er stets verbunden bleibt. Nach dem Abitur wird der junge Guareschi journalistisch tätig: Er schreibt Artikel für verschiedene Lokalzeitungen und Zeitschriften und zeichnet Illustrationen und Karikaturen. Im Laufe seines Lebens arbeitet er unter anderem für *La Stampa*, *Ambrosiano*, *Milano di Fiore*, *Stampa sera*, *Marc Aurelio* und den *Corriere della Sera.* Seine Zusammenarbeit mit dem Verleger Rizzoli, die lebenslang andauern wird, beginnt 1934 mit einer Anstellung als Redakteur in dessen Zeitschrift *Bertoldo.*

1940 heiratet Guareschi Margherita Pallini, genannt Ennia. Es ist eine glückliche Ehe, aus der zwei Kinder hervorgehen,

Carlotta und Alberto. Zwei Jahre nach der Hochzeit wird Guareschi zum Militär eingezogen und gerät nach kurzer Zeit in deutsche Kriegsgefangenschaft. Bis zum Ende des Zweiten Weltkrieges ist er in verschiedenen Gefangenenlagern interniert. Die bedrückenden Erfahrungen in Deutschland verarbeitet er in seinem Roman *Diario Clandestino* (1946).

Nachdem Guareschi nach Italien zurückgekehrt ist, gründet er die monarchistische und satirische Wochenzeitung *Candido*, deren Chefredakteur er bis 1957 bleibt. Hier publiziert er unter anderem ab 1946 wöchentlich seine Geschichten um Don Camillo. Im Vorfeld der ersten italienischen Parlamentswahl nutzt der stenggläubige, konservative Journalist die Zeitschrift, um die Christdemokratische Partei (*Democrazia Cristiana*) zu unterstützen und antikommunistische Satiren und Karikaturen zu veröffentlichen. Mit Slogans wie »In cabina elettorale Dio ti vede, Stalin no« und seiner bekanntesten satirischen Schöpfung, den *Trinariciuti* (Karikaturen von Kommunisten mit einem dritten Nasenloch, das dem Austritt von Gehirnsubstanz dient, an deren Stelle die Parteirichtlinien rücken), kämpft er gegen den Erfolg der Kommunistischen Partei Italiens (*Partito Comunista Italiano*). Nach dem Wahlsieg der *Democrazia Cristiana* entfernt sich Guareschi allerdings von den Christdemokraten, um später vorwiegend die Monarchisten zu unterstützen.

Der stets kritische Guareschi wird im Laufe seiner journalistischen Tätigkeit zweimal wegen Verleumdung angeklagt und verurteilt: In seinem ersten Prozess ist der Ankläger Staatspräsident Luigi Einaudi, den Guareschi in einer Karikatur lächerlich gemacht hat. Fünf Jahre später klagt der Christdemokrat Alcide De Gasperi, nachdem Guareschi kompromittierende Briefe veröffentlicht hat, die angeblich von De Gasperi stammten. Guareschi muss eine Gefängnisstrafe antreten, die ihn für über 400 Tage hinter Gitter bringt.

Nachdem Guareschi aus dem Gefängnis zu seiner Familie zurückgekehrt ist, zieht er sich mehr und mehr aus der Öffentlichkeit zurück. Er eröffnet ein kleines Café in Roncole, der Geburtsstadt Giuseppe Verdis, schreibt nur noch vereinzelt Artikel und arbeitet vorwiegend an den Drehbüchern der Don-Camillo-Filme. Auch legt er die Leitung des *Candido* nieder, um wenige Jahre später die Mitarbeit völlig aufzugeben. 1961 stellt Rizzoli die Zeitschrift ein.

Zwei Jahre später versucht Guareschi sich als Filmemacher: Er willigt ein, sich an einem Projekt mit dem linksintellektuellen Pier Paolo Pasolini zu beteiligen. *La Rabbia*, ein aus Archivmaterial zusammengefügter und mit kommunistischen (Pasolini) bzw. antikommunistischen Texten (Guareschi) versehener Film, wird 1963 ohne großen Erfolg in den Kinos gezeigt.

Guareschis letzte Lebensjahre sind von gesundheitlichen Problemen geprägt. Bis 1966 schreibt er noch für verschiedene Zeitungen. Es entstehen Artikel, Kurzgeschichten sowie neue Don-Camillo-Episoden, die wöchentlich in der Zeitschrift *Oggi* erscheinen. Am 22. Juli 1968 stirbt der Schriftsteller an einem Herzinfarkt. Er wird auf dem Friedhof von Roncole beerdigt. Eine Flagge mit Königswappen begleitet den Sarg, außerdem einige wenige Freunde und Journalisten.

Guareschis schriftstellerisches Werk

Sein Schriftsteller-Debüt liefert der damals 33-Jährige 1941 mit dem humoristischen und teilweise autobiographischen Roman *La scoperta di Milano* (1948), in welchem sich der Leser gemeinsam mit den Hauptfiguren Giovannino und Margherita aus Parma auf eine Entdeckungsreise durch Mailand begibt. Die beiden folgenden, ebenfalls humoristischen Romane kreisen um das Thema Liebe und Schicksal: *Il destino si chiama Clotilde* (1943) handelt von einer jungen Frau, die das Unmögliche unternimmt, um von ihrem Angebeteten erhört zu werden. Die Protagonistin aus *Il marito di collegio* (1944) muss innerhalb von 24 Stunden einen Mann finden, der sie heiratet und von ihrem reichen Onkel akzeptiert wird – ansonsten will er ihre gesamte Familie auf die Straße setzen.

Die Erfahrungen in den deutschen Internierungslagern verändern den Stil des Schriftstellers, er wird ernster. *Diario Clandestino* (1946) und das Kindermärchen *Favola di natale* (1947) sind zu Teilen im Lager und für die Mitinhaftierten entstanden. Die Probleme der Gefangenen, wie Hunger und Kälte, finden hier ebenso ihren Niederschlag wie der Wunsch des Schriftstellers, auch in dieser schweren Situation die Hoffnung am Leben zu erhalten und seinen Lesern ein Lächeln zu schenken.

In *Italia Provvisoria* (1948) verarbeitet Guareschi schließlich seine Erinnerungen der direkten Nachkriegszeit. Im selben Jahr erscheint der erste Sammelband mit Don-Camillo-Geschichten, *Mondo piccolo Don Camillo.* Gleichzeitig beginnt Guareschi, die Familie als literarisches Sujet zu entdecken. Er verfasst die beiden Erzählbände *Zibaldino* (1948) und *Corrierino delle famiglie* (1954), in denen er die Abenteuer seiner eigenen Familie auf humoristische Art literarisch umsetzt. In dieser Zeit werden zwei weitere Don-Camillo-Sammelbände veröffentlicht, *Don Camillo e il suo gregge* (1953) sowie *Il compagno Don Camillo* (1963). Sie werden später durch eine Vielzahl postum besorgter Zusammenstellungen sowie eine Gesamtausgabe (*Tutto don Camillo*, 1998) ergänzt.

In den 60er-Jahren verfasst Guareschi *La calda estate del Pestifero* (1967) und einige Erzählungen, die zunächst in der Zeitschrift *Oggi* erscheinen und kurz nach seinem Tod unter dem Titel *Vita in famiglia* (1968) zusammengefasst werden. In beiden Büchern setzt sich Guareschi kritisch mit den Symbolen und Werten der entstehenden Konsumgesellschaft auseinander.

Guareschi gehört zu den weltweit meistgelesenen italienischen Schriftstellern. Vor allem mit seinen humoristischen Texten trifft er den Geschmack vieler Leser. Die Geschichten um Don Camillo und Peppone sind vom ersten Tag an ein außerordentlicher Publikumserfolg. Die Erstauflage des Sammelbands *Mondo piccolo Don Camillo* (30 000 Exemplare) ist bereits nach wenigen Monaten vergriffen. Übersetzungen erfreuen sich großer Beliebtheit in Frankreich, Deutschland, den USA, Kanada, Australien, Indien und Japan. Insgesamt werden die Erzählungen in über 40 Sprachen übersetzt und bis heute millionenfach verkauft.

So sehr er aber von einem breiten Publikum geliebt wird, wird er von zeitgenössischen Kritikern gehasst. Außer dem *Bancarella*-Preis, der an Bestseller vergeben wird, hat Guareschi in Italien nie eine Auszeichnung für seine schriftstellerische Leistung erhalten. Eine Mehrzahl von Schriftstellerkollegen und Intellektuellen weigerte sich lange Zeit hartnäckig, in ihm überhaupt einen Schriftsteller zu sehen. Eine Ursache dieser Bewertung kann in Guareschis politischem Engagement für antikommunistische und monarchistische Kräfte gesehen werden, das von der überwiegend linksorientierten Intelligenz Italiens nicht geschätzt wurde. So kommt es, dass man Guareschis Namen in einigen maßgeblichen italienischen Literaturgeschichten des 20. Jahrhunderts vergeblich sucht, selbst unter der Rubrik humoristischer Autoren.

Don Camillo und Peppone

Don Camillo und Peppone stehen im Mittelpunkt von insgesamt 346 Geschichten, die Guareschi zwischen 1946 und 1966 veröffentlicht hat. Bei Don Camillo handelt es sich um einen konservativen, streitlustigen, aber tief gläubigen und menschlichen Landpfarrer, der unermüdlich für die Sache der Kirche eintritt. Sein Antagonist ist der Dorfbürgermeister Giuseppe Bottazzi, genannt Peppone, ein überzeugter Kommunist, ehemaliger Partisanenkämpfer und Arbeiter, der ständig mit Don Camillo aneinandergerät. Beide sind einfache Leute, oft derb in ihrem Verhalten. Die Streitereien der beiden enden daher nicht selten in handfesten Auseinandersetzungen und groben Tritten. »Le mani sono fatte per benedire, ma i piedi no!«, rechtfertigt sich Don Camillo (vgl. S. 9). Don Camillo und Peppone vertreten zwei gegensätzliche Ideologien und Prägungen: Kirche und Katholizismus auf der einen Seite, Kommunismus und Materialismus auf der anderen. Allerdings sind die Figuren so vielschichtig angelegt, dass sie diese Gegensätze durch ihr Handeln immer wieder auflösen und sich auf einer menschlichen Ebene treffen können.

Peppone setzt sich für den Klassenkampf und einen kommunistischen Staat nach sowjetischem Vorbild ein. Dabei übernimmt er unreflektiert die Propaganda der kommunistischen Tageszeitung *Unità*. Er ist gänzlich ungebildet und fällt immer wieder durch grammatische und orthographische Fehler auf. Obwohl Peppone öffentlich vehement gegen die Kirche eintritt, ist er ein durchaus gläubiger Mensch: Er ist selbst kirchlich getraut, lässt seine Kinder taufen (vgl. *Don Camillo discute*) und betet in entscheidenden Situationen, beispielsweise vor anstehenden Wahlen, zu Gott. Wann immer er in die Verlegenheit gerät, zwischen kommunistischen Parteidirektiven und seinem Gewissen als Mensch und Christ entscheiden zu müssen, gibt er seinem Gewissen den Vorzug.

Der Seelsorger Don Camillo ist jederzeit ansprechbar für die Ängste und Nöte seiner Gemeindemitglieder, auch dann, wenn es sich um Kommunisten handelt (vgl. *Gli irregolari*). Er lässt sich von seinem Herzen leiten und hilft nicht nur durch Worte, sondern legt, wo nötig, auch Hand an. Dabei vertritt Don Camillo, wie Guareschi selbst, einen sehr traditionellen Glauben. Beide lieben die einfachen Menschen der Poebene. Diese Liebe wird in den Geschichten auf humorvolle Art und Weise zum Ausdruck gebracht, beispielsweise wenn Don Camillo sich mit Fäusten für Gemeindemitglieder und geistige Ideale einsetzt oder wenn er Zweifel und Sorgen mit der Christusfigur über dem Hauptaltar bespricht.

Die Stimme des Christus ist die oberste Instanz, die selbstverständlich über politische oder egoistische Motive erhaben ist und Don Camillo immer wieder ermutigt, rügt oder ihm den rechten Weg weist. Durch die Figur des Gekreuzigten lässt Guareschi sein eigenes Gewissen sprechen, wie er einmal in einem Interview erklärt. Christus beantwortet, mal ernst, mal ironisch, alle Fragen, die Don Camillo ihm stellt, mit einfachen und verständlichen Worten. Er erinnert Don Camillo an das Gebot der Nächstenliebe und wirbt für einen unbedingten Glauben an Gott und an die göttliche Vorsehung.

Obwohl Don Camillo und Peppone unterschiedliche Wertvorstellungen und Ideologien vertreten und immer wieder gegeneinander antreten, ist ihre Beziehung nur scheinbar von Feindschaft geprägt. Tatsächlich sind sie sportliche Gegner: sie brauchen sich gegenseitig und sind einander durch ehrliche Zuneigung verbunden. Sobald es um wesentliche menschliche oder moralische Probleme geht, stimmen sie überein und halten zusammen (vgl. *Ceratom*). Ihre Hassliebe prägt auch nur einen Teil der Geschichten. Oft genug tritt ihr Konflikt in den Hintergrund, um anderen Bewohnern des Dorfes Platz zu machen. Diese Geschichten konzentrieren sich auf Einzelschicksale, die eingebettet sind in die großen menschlichen und zwischenmenschlichen Probleme, wie Glaube, Liebe, Hoffnung, aber auch Armut, Gewalt und Tod. So erzählt beispielsweise *La Trattoria* vom unerschütterlichen Glauben des Ehepaars Folini, der so stark ist, dass er selbst Don Camillo nachdenklich macht. In anderen Geschichten zeigt Guareschi, wozu Liebe befähigt. Er berührt den Leser mit der Geschichte der alten Frau in *La vecchia del Borghetto*, die Schuld auf sich lädt, um ihren über alles geliebten Enkelsohn vor einer Sündentat zu schützen, oder mit dem kleinen Jungen in *La bustarella*, der in Christus vertraut und sich beinahe totprügeln lässt, um seinem geliebten Vater zu helfen. In *Il cadavere vivente* weist Guareschi auf die Macht des Geldes und die zunehmende Verrohung der

Jugend hin, die Don Camillo schockiert: »Gesù, aiutate questa gioventù spietata a ritrovare la via della pietà« (*Il cadavere vivente*, S. 196).

Mondo piccolo – Italien im Kleinen

Alle Don-Camillo-Geschichten werden zusammengehalten durch eine fiktive Welt, in der sich die beiden Streithähne und die übrigen Figuren bewegen, den *mondo piccolo*. Sie spielen in einem Dorf der Bassa, einer ländlichen Gegend in der Poebene nördlich von Parma, die vom Po bis zur Via Emilia reicht und seitlich von den Flüssen Enza und Ongina begrenzt wird. Der *mondo piccolo* ist ein eigener Mikrokosmos aus wiederkehrenden Figuren, Orten und Motiven. Zentraler Ort vieler der humoristisch-burlesken oder auch nachdenklich-traurigen Episoden ist die große Piazza im Zentrum des Dorfes, ein Ort der Begegnungen und der Auseinandersetzungen. An dem einen Ende der Piazza befindet sich Don Camillos Kirche, daneben der Kirchturm und das Pfarrhaus. Auf der anderen Seite steht das kommunistische Gemeindehaus, die *Casa del Popolo*, Peppones Machtzentrum. Er selbst wohnt am Rand des Dorfes, wo er eine Autowerkstatt betreibt (in den Filmen ist Peppones Haus ins Zentrum des Dorfes verschoben worden).

Die Geschehnisse, in die Guareschi die Geschichten des *mondo piccolo* einbettet, dokumentieren, ins Kleine und Humoristische übersetzt, 20 Jahre italienische Nachkriegsgeschichte. Die beiden Antagonisten Don Camillo und Peppone verkörpern dabei wie keine anderen literarischen Figuren die Atmosphäre des Kalten Krieges und die beiden großen italienischen Nachkriegsparteien: auf der einen Seite die Christdemokraten (*Democrazia Cristiana*), auf der anderen die Kommunisten (*Partito Comunista Italiano*). Bis zum Ende des Kalten Krieges bilden sie und ihre Anhänger verhärtete Fronten in der politischen Landschaft Italiens und teilen das Land in zwei ideologische Lager. Während es Guareschis Figuren von Beginn an möglich ist, trotz unterschiedlicher Ideologien und Weltanschauungen in wesentlichen menschlichen Fragen übereinzustimmen, gelingt dies den Parteien in der politischen Realität nicht. Erst in den 70er-Jahren kommt es unter Aldo Moro (1916–78) zu einem Dialog zwischen der *Democrazia Cristiana* und dem *Partito Comunista Italiano*. Guareschi erlebt diese Annährung sowie das Ende des Kalten Krieges nicht mehr.

Immer wieder verarbeitet Guareschi in seinen Geschichten Ereignisse von internationalem Rang und behandelt sie in ihrer Bedeutung für die einfache Landbevölkerung, so zum Beispiel das Referendum zur Staatsform von 1946, die ersten Parlamentswahlen der Republik Italien 1948, die Gründung der NATO 1949, das Zweite Vatikanische Konzil (1962–65), aber auch die Verbreitung des Fernsehens und anderer Konsumgüter. Die Bezüge und Anspielungen auf tagespolitische Ereignisse sind für die zeitgenössischen Leser deutlich nachvollziehbar. Die Folgen politischer Entscheidungen betreffen sie selbst genauso wie die Bewohner des *mondo piccolo*. Guareschis Haltung gegenüber dem Zeitgeschehen wird meist deutlich, beispielsweise seine Kritik an unreflektierter Meinungsübernahme oder an der wachsenden Konsumgesellschaft.

Don Camillo und Peppone im Film

Zur weltweiten Beliebtheit von Don Camillo und Peppone tragen vor allem die Kinofilme bei, die außergewöhnlich erfolgreich waren. Die erste Verfilmung unter der Regie von Julien Duvivier (*Don Camillo*), für die auf mehrere Erzählungen zurückgegriffen wurde, wird 1952 zum Kassenschlager. Besonders in Frankreich und Italien strömen Millionen von Zuschauern in die Kinosäle. Entscheidend trägt hierzu die Traumbesetzung der beiden Hauptrollen bei, mit dem großen

Giovannino Guareschi und Fernandel
bei den Dreharbeiten in Brescello, 1951

französischen Komiker Fernandel (Fernand Joseph Désiré Contandin, 1903–71) als Don Camillo und dem populären italienischen Schauspieler Gino Cervi (1901–73) als Peppone. Ursprünglich hatte Guareschi daran gedacht, den kommunistischen Bürgermeister selbst zu spielen, ein Vorhaben, das an seiner mangelnden schauspielerischen Begabung scheitert. Auch hegt er anfänglich Bedenken gegenüber Fernandel wegen dessen auffälligen Gebisses. Diese Bedenken kann der Schauspieler schnell zerstreuen, so dass Guareschi Fernandel versichert haben soll, er könne in Zukunft keine Don-Camillo-Geschichten mehr schreiben, ohne ihn nicht vor seinem inneren Auge zu sehen. Damit ging es dem Schriftsteller wie vielen seiner späteren Leser, die über die Filme zu den Texten gefunden haben und Fernandel geradezu mit Don Camillo gleichsetzen. Drei der in der vorliegenden Auswahl enthaltenen Erzählungen wurden in dem Kinofilm *Don Camillo* verarbeitet (*Don Camillo, Don Camillo discute* und *Scuola serale*), eine nimmt auf ihn Bezug: Don Camillo und Peppone sehen sich den Film selbst im Kino an (vgl. *Cinema*).

Auch die nachfolgenden Filme, für die Guareschi selbst das Drehbuch schreibt, sind sehr erfolgreich. 1953 dreht Duvivier *Il ritorno di Don Camillo*, 1955 und 1961 entstehen unter der Regie von Carmine Gallone *Don Camillo e l'onorevole Peppone* sowie *Don Camillo monsignore … ma non troppo*. Die Regie für den fünften Don-Camillo-Film, *Il compagno Don Camillo* (1965), führt Luigi Comencini. Während der Dreharbeiten zu einem sechsten Kinofilm (*Don Camillo e i giovani d'oggi*) erkrankt Fernandel, so dass die Arbeiten abgebrochen werden müssen. Einige Jahre später wird er in veränderter Besetzung realisiert (mit Gastone Moschin als Don Camillo und Lionel Stander als Peppone), bleibt aber hinter dem Erfolg seiner Vorgänger zurück. Neben diesen Kinofilmen existieren diverse TV-Bearbeitungen und ein komödiantischer Kinofilm von und mit Terence Hill.

Einige Schauplätze der fünf Klassiker-Filme, wie Don Camillos Kirche mit dem Kruzifix über dem Hauptaltar, sowie etliche Requisiten können bis heute am Drehort, dem Örtchen Brescello nahe Parma, besichtigt werden. Dort empfängt das *Museo di Don Camillo e Peppone* die weltweit verbreitete Fangemeinde des *mondo piccolo* und seines Autors.

Anna Campagna

Inhalt

Italienische Literatur

IN RECLAMS UNIVERSAL-BIBLIOTHEK

Boccaccio: *Decameron.* Zwanzig ausgewählte Novellen. Zweispr. 431 S. UB 8449

W. Busch: *Max und Moritz auf Italienisch.* 78 S. UB 18080

Casanova: *Aus meinem Leben.* 509 S. UB 687

D'Annunzio: *Lust.* 423 S. UB 9346

Dante: *Die Göttliche Komödie.* 543 S. UB 796 (auch geb.) – *Die Göttliche Komödie.* (Auswahl) 80 S. UB 9813

Fo: *Hilfe, das Volk kommt.* 112 S. UB 9718

Goldoni: *Der Diener zweier Herren.* 64 S. UB 463 – *Der Lügner.* 96 S. UB 8934 – *Mirandolina.* 116 S. UB 3367 – *Il Servitore di due Padroni / Der Diener zweier Herren.* Zweispr. 216 S. UB 9927 – *Viel Lärm in Chiozza.* 94 S. UB 8568

Gozzi: *Turandot.* 96 S. UB 8975

Italienische Lyrik. 50 Gedichte. Zweispr. 142 S. UB 18310

Leopardi: *Canti e Frammenti / Gesänge und Fragmente.* Zweispr. 309 S. UB 8654

Machiavelli: *Il Principe / Der Fürst.* Zweispr. 255 S. UB 1219

Il Novellino / Das Buch der hundert alten Novellen. Zweispr. 342 S. UB 8511

Petrarca: *Canzoniere* (Ausw.). Zweispr. 187 S. UB 18084 – *Canzoniere.* 50 Gedichte mit Kommentar. 384 S. UB 18378

Pirandello: *Sechs Personen suchen einen Autor.* 118 S. UB 8765

Verga: *Cavalleria rusticana.* Sizilianische Novellen. 144 S. UB 2014

Philipp Reclam jun. Stuttgart

Französische Fremdsprachentexte

IN RECLAMS UNIVERSAL-BIBLIOTHEK

Auswahl

Jean Anouilh: L'Alouette. 200 S. UB 9126 – Antigone. 118 S. UB 9277

Honoré de Balzac: Le Colonel Chabert. 132 S. UB 9159

Baudelaire, Rimbaud, Verlaine, Mallarmé: Poésies. 94 S. UB 9286

Tahar Ben Jelloun: Les Raisins de la galère. 176 S. UB 9056

Boileau/Narcejac: Le Fusil à flèches. 85 S. UB 9269

Albert Camus: L'Étranger. 165 S. UB 9169 – L'Hôte / Le Premier Homme. 164 S. UB 9041

Contes d'amour. 159 S. UB 9014

Contes provençaux. 149 S. UB 9052

Conteurs du Maghreb. 159 S. UB 9036

Conteurs français du XXe siècle. 192 S. UB 9046

Conteurs franco-canadiens. 168 S. UB 9067

Conteurs francophones noirs. 194 S. UB 9074

Geneviève de Gaulle Anthonioz: La Traversée de la nuit. 103 S. UB 9130

Discours politiques français. De Danton à Jacques Chirac. 180 S. UB 9090

Discuter en français. 144 S. UB 19716

Maurice Druon: Tistou les pouces verts. 134 S. UB 9282

Marguerite Duras: L'Amant. 168 S. UB 19704 – Moderato Cantabile. 124 S. UB 9032

Les Écrivains à l'école. Récits et nouvelles. 184 S. UB 9115

Annie Ernaux: Une Femme. 95 S. UB 9278

Gustave Flaubert: Un Cœur simple. 91 S. UB 9200 – Madame Bovary (Édition abrégée). 269 S. UB 9142

La France. Regards sur un pays voisin. 290 S. UB 9068

La France qui rit. 95 S. UB 9021

Anna Gavalda: 35 kilos d'espoir. 93 S. UB 9148 – Je voudrais que quelqu'un m'attende quelque part. 255 S. UB 9105

Goscinny & Sempé: Le Petit Nicolas. Mit Zeichn. 75 S. UB 9204
Michel Houellebecq: Extension du domaine de la lutte. 227 S. UB 9091
Eugène Ionesco: La Cantatrice chauve. 69 S. UB 9164
Mathieu Kassovitz: La Haine. Scénario. 155 S. UB 9081
Agota Kristof: Hier. Roman. 141 S. UB 9096
»Légal ou illégal?« Anthologie du rap français. 117 S. UB 9093
Louis Malle: Au revoir, les enfants. 141 S. UB 9290
Guy de Maupassant: Boule de suif. 96 S. UB 9011 – Mon oncle Jules et autres contes. 101 S. UB 19711 – Six contes. 138 S. UB 9037 – Le Vagabond / Coco. 96 S. UB 9116
François Mauriac: Thérèse Desqueyroux. 173 S. UB 9230
Prosper Mérimée: Carmen. 111 S. UB 9171
Molière: L'Avare. 144 S. UB 9022 – Le Malade imaginaire. 127 S. UB 9217 – Le Tartuffe ou l'Imposteur. 131 S. UB 9087
Nées en France. Jeunes musulmanes dans la société laïque. 112 S. UB 9139
Nouvelles françaises contemporaines. 175 S. UB 9012
Paris des écrivains. Récits et nouvelles. 191 S. UB 9113
Paris en poésie. 88 S. UB 9246
Poèmes d'amour. 94 S. UB 9018
Jacques Prévert: Poèmes et Chansons. 92 S. UB 9155
Christiane Rochefort: Les Petits Enfants du Siècle. 167 S. UB 9265
Jules Romains: Knock ou Le Triomphe de la Médecine. 111 S. UB 9154
Edmond Rostand: Cyrano de Bergerac. 240 S. UB 9026
Françoise Sagan: Aimez-vous Brahms ... 143 S. UB 9238
Jean-Paul Sartre: Morts sans sépulture. 109 S. UB 9175
Georges Simenon: L'Amoureux de Mme Maigret. 78 S. UB 9291
Michel Tournier: Contes et petites proses. 85 S. UB 9280
Voltaire: Candide ou l'Optimisme. 184 S. UB 9221

Philipp Reclam jun. Stuttgart